청크 스토리
Chunk Story

청크 스토리

1판 1쇄 : 인쇄 2023년 12월 20일
1판 1쇄 : 발행 2023년 12월 26일

지은이 : 정동완 이은주 이선 윤소라 성유진
펴낸이 : 서동영
펴낸곳 : 서영출판사

출판등록 : 2010년 11월 26일 제 (25100-2010-000011호)
주소 : 서울특별시 마포구 월드컵로31길 62, 1층
전화 : 02-338-0117 팩스 : 02-338-7160
이메일 : sdy5608@hanmail.net

디자인 : 이원경

ⓒ2023 정동완 이은주 이선 윤소라 성유진
seo young printed in seoul korea

ISBN 979-11-92055-29-9 53700

청크 스토리
Chunk Story

영어 교사이나 보니 주위에 있는 선생님이나 학생들로부터 지금까지 이런 질문들을 많이 받아왔습니다.

"어떻게 하면 영어를 잘 할 수 있을까요?"

이 질문에 이렇게 답했습니다.

"답이 있습니다. 딱 2가지입니다. 영어를 꼭 해야만 하는 상황에 처하거나 영어 자체를 재미있다고 느끼는 것입니다."

여느 언어와 마찬가지로 영어는 열심히 듣고, 사용하면 잘 할 수 있습니다. 즉 지속적으로 input(듣기, 읽기)을 하면서, output(말하기, 쓰기)으로 이어지는 연습과 사용이 이어지면 자연스럽게 잘하게 되는 것입니다. 특별한 비법이나 며칠 만에 영어를 정복하는 비결은 없기 때문에 수많은 영어 학습 교재가 계속해서 나오는 것입니다. 이 중에서도 학습자가 영어 공부를 꾸준히 하게끔 만드는 책이 좋은 교재라고 생각합니다.

영어를 꼭 해야만 하는 상황에는 해외 거주, 외국인을 상대하는 업무 수행, 각종 시험 준비 등이 있을 것입니다. 그리고 벌금제 기반의 영어 스터디를 하는 것, 자격 시험을 치르는 것 또한 비용이 들기 때문에 잠시라도 영어 공부를 하지 않으면 안 되는 상황을 스스로 만드는 방법입니다. 〈청크 스토리〉 또한 매일 딱 15분 영어를 습관적으로 하게 하는 장치를 많이 넣으려고 했습니다. 그리고 많은 학생들의 변화를 보면서, 그 가능성을 더 널리 전파해보려고 하는 중입니다.

영어를 잘하게 하는 두 번째 조건, 재미가 있으면 된다! 이 조건을 위해서 청크 가족의 이야기를 통해 핵심 구문이 담긴 별개의 문장들을 하나의 맥락 안에서 엮어 놓았고, 만화를 활용하여 학습자들에게 흥미를 주고자 했습니다. 실생활에서 주로 쓰는 표현들을 익혀 활용할 수 있도록 구성하였습니다. 그리고 가장 중요한 포인트! 영어 능력이 향상되는 진정한 재미를 주고자 했습니다. 그 방법이 청킹(의미 단위 영어인식)입니다.

청크 학습법이란 영어를 인식하고 표현할 때 의미 단위(sense group)와 호흡 단위(breath group)로 구분하여, 의미 단위를 어휘 청크(lexical chunk)로 연결하고, 호흡 단위를 소리 청크(sound chunk)로 연결하여 학습자들이 스스로 학습하도록 안내하는 것입니다.

A chunk is a meaningful bit of language. Learning through chunks helps our students to learn language faster and more efficiently.

　김영희·강문구·윤선중(2011, Journal of the Korea English Education Society)은 의미 단위로 끊어 듣기 활동을 통한 영어 듣기 능력 향상 방안에 대해 논하면서 의미 단위 듣기 활동이 학생들의 영어 듣기 능력뿐만 아니라 영어에 대한 흥미와 긍정적인 태도를 함양하는데 효과적이라고 말합니다.

　의미 단위로 끊어 듣기의 예를 살펴보면, 다음과 같습니다.

Being able / to read / by phrases / instead of / by single / words results / from practice.

　초급자의 경우에는 위의 예시보다 더 작은 덩어리로 더 여러 번 끊어 들을 것이고, 상급자의 경우에는 더 적은 개수의 더 큰 덩어리로 끊어 들을 것입니다.
　저자들은 이런 점을 감안하여 학습자들이 우선적으로 의미 단위 덩어리를 인식할 수 있도록 하는데 초점을 두어 교재의 모든 문장에 의미 단위(청크)마다 '/' 표시를 하였습니다. 이 교재를 수업에 활용하는 교사라면, 학생들의 수준에 따라 청크의 길이를 더 짧게 혹은 더 길게 조절하여 가르치면 더 효과적일 것이라 여겨집니다.

　<(고등) 청크중심 영어수업에 대한 외국어고등학교 학생들의 만족도 연구(정동완, 신창옥)>와, <(초등) 청크 중심 학습이 초등학생의 영어 기능 및 흥미에 미치는 영향(정동완, 신창옥)>이라는 두 논문에서 청크 중심 영어수업의 효과성을 입증하였습니다.
　특목고인 외국어 고등학교 143명 학생들과 200명 가량의 초등학생들을 대상으로 청크 덩어리 어휘시험, 의미 단위 듣기(Chunking Listening), 의미 단위 말하기(Chunking Speaking), 의미 단위 읽기(Chunking Reading), 의미 단위 쓰기(Chunking Writing) 후 학생 토의, 교사 설명 등의 순서로 청크 중심 영어 수업을 진행했습니다. 학생들은 평균 이상의 만족도를 한 학기 내내 꾸준하게 보여주었고, 청크 중심 영어 수업을 통해 영어에 대한

자신감과 흥미를 고취하였습니다.

이 연구는 청크 중심 영어교수법이 초급학습자 뿐 아니라, 외국어고등학교 학생들과 같은 상위권 학생들에게도 영어 능력 뿐 만 아니라 자신감과 같은 정의적 영역에서도 긍정적인 효과를 줄 수 있다는 것을 밝혔고, EBS에서도 관련 수업을 운영하는 등 전국적으로 활용되고 있습니다.

이 책은 학술적으로 그 효과가 입증된 청크 영어 학습법을 통해 보다 많은 학습자들이 영어를 쉽게 이해하고 학습하도록 하는 데 그 목적이 있습니다. 부디 신나는 영어 학습 과정 속에 좋은 결과가 있기를 바랍니다.

이 책이 나오기까지 많은 분들의 도움이 있었습니다. 수고하심에 감사드립니다.

정동완 선생님은 기획저자로서 10년 이상 연구하신 청크 스토리 원본을 넘겨주셨습니다. 교육현장에 더욱 널리 활용될 수 있도록 저희 집필진은 스토리를 그대로 살리고 설명과 문제를 덧붙여 완전한 청크 스토리를 만들었습니다. 기존 교재인 메인북에 워크북을 새롭게 만들어 효과적인 영어 학습이 가능하게 하였습니다. 메인북과 워크북을 집필진 네 명이 나눠서 작업하여 원본이 학교 현장과 개인 학습에 잘 스며들어 가도록 다리 역할을 할 수 있는 콘텐츠로 만들었으며, 설명 강의 동영상도 만들어서 무료로 유튜브 채널에 올려 공유하기도 하였습니다. 교재 제작 후에도 수차례의 검토 작업을 통해 교육 현장에서 잘 활용될 수 있도록 최선을 다하였습니다. 청크 스토리 집필 시작 이후 3년 만에 드디어 책을 출판하게 되어 감회가 새롭습니다.

이은주 선생님은 집필진의 팀장으로서 기획저자, 집필진, 출판사 관계자, 검토진을 잇는 소통의 역할을 하였고, 청크 스토리 교재의 제작과 검토를 총괄하며 출판을 위해 노력하였습니다. 이선 선생님은 전국영어교사 단톡방을 운영하시며 넓은 인맥을 바탕으로 추천사와 원어민 검토를 받아주셨고, 이찬승 대표님 검토를 통해 청크 스토리 교재에 강세와 억양을 넣는 아이디어를 제안해주셨습니다. 윤소라 선생님은 꼼꼼하고 성실한 성격으로 철저하게 교재를 검토하여 오류를 잘 잡아주셨고, 등장인물 소개 부분을 맡아 주셨습니다. 성유진 선생님은 미적 감각이 있고 디자인을 잘하셔서 교재 전체의 디자인을 직접 창작하여 교재의 완성도를 높여 주셨고, 교재의 구성과 특징 부분을 제작하여 주셨습니다. 저희 청크 스토리 집필진은 다들 각자의 장점을 가지고 팀에 기여하는 드림팀입니다. 앞으로 청크 스토리 2권이 나올 수 있다면 다시 한 번 함께 작업하고 싶은 좋은 인연이 되었습니다.

아홉 분의 검토진 선생님들께서는 청크 스토리의 완성도를 높이기 위해 세심하게 검토를 해주셨고 교재의 활용방안도 함께 고민해주셨습니다. 많은 관심과 기여에 감사드립니다.

마지막으로 청크 스토리가 세상에 나올 수 있도록 저희 집필진을 믿고 부단히 힘써주신 서영출판사 서농영 대표님께 마음 깊이 감사 인사를 드립니다.

- 저자 일동

등장인물

Chunk 가족

주인공의 이름을 이 교재의 핵심 개념인 Chunk로 설정하여 학습자들이
chunk(의미 단위 덩어리)에 대해 조금이라도 더 친숙하게 느끼도록 하였다.

Mr. Chunk

젊었을 적에 수퍼히어로였지만, 가족이 생긴 후, 영웅의 삶을 포기하고 평범하게 살기로 결심한다. Chunk 가족의 가장이며 여느 직장인처럼 까탈스러운 직장 상사 때문에 힘들어한다. 일상생활 속에서 가끔씩 자신의 초능력이 원치 않은 순간에 예고 없이 발휘되어 당황하곤 한다.

Ms. Chunk

Mr. Chunk처럼 젊었을 적에 초능력을 지닌 특별한 사람이었으나 Mr. Chunk와 결혼하여 두 아이(Sis Chunk와 Chunky)를 낳은 후 평범하게 살기로 결심한다.

Sis. Chunk

Chunk 부부의 첫째 딸. 부모님으로부터 물려받은 초능력을 사용하고 싶어 하지만, 이로 인해 세간의 주목을 받아 안 좋은 상황에 처하게 될까봐 노심초사하는 엄마에게 항상 제지 당한다.

Chunky

Chunk 부부의 아들이자 Sis Chunk의 남동생. 누나처럼 초능력을 물려받았고 우연히 버스에서 발견한 소매치기범을 잡는데 도움을 준다.

Introduction of characters

Jack
Chunk 가족의 이웃

Mr. Bad
Mr. Evil과 버스에서 소매치기를 하는 악당

Mr. Evil
Mr. Bad와 버스에서 소매치기를 하는 악당

Girl
버스에서 소매치기당하는 소녀

Police Officer
소매치기 사건을 조사하는 경찰

Mr. Scrooge
Mr. Chunk의 까탈스러운 직장 상사

Mr. Jobs
Mr. Chunk의 직장 동료

Mr. Gang
Mr. Evil의 친구

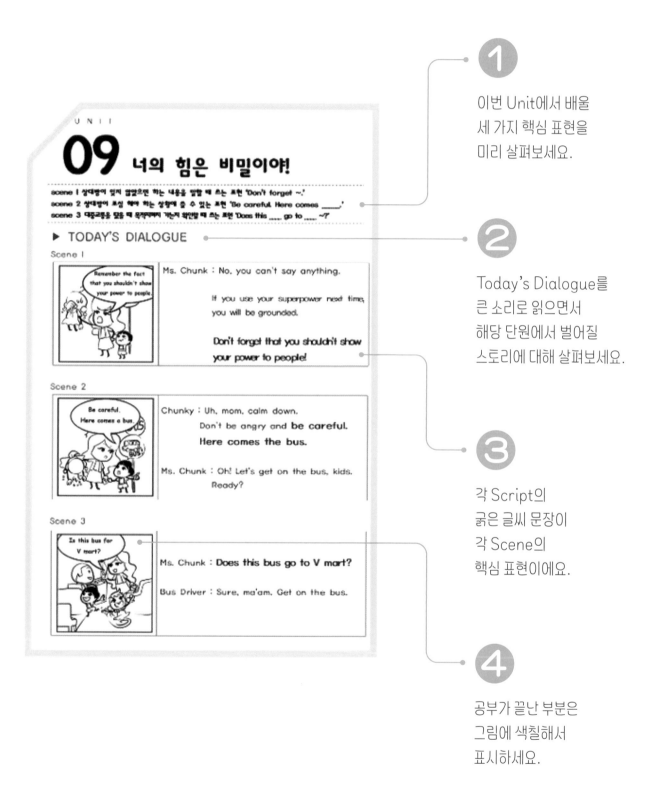

1

이번 Unit에서 배울
세 가지 핵심 표현을
미리 살펴보세요.

2

Today's Dialogue를
큰 소리로 읽으면서
해당 단원에서 벌어질
스토리에 대해 살펴보세요.

3

각 Script의
굵은 글씨 문장이
각 Scene의
핵심 표현이에요.

4

공부가 끝난 부분은
그림에 색칠해서
표시하세요.

Check it의 정답은
Scene Script의
굵은 글씨를 참고하세요!

모든 문장은 의미덩어리인
청크 단위로 나뉘어 있어요.
청크 단위로 끊어 반복
연습한 후에 앞 뒤 청크와
연결하여 문장을 읽어보세요.

주요 표현의 형태, 해석, 의미를
알아보고, 발음하는 방법, 억양에
신경 써서 읽어보세요.
빨간색 진한 글씨를 크고 강하게
발음하세요.

SCENE 1

명심해!
상대방이 잊지 않았으면 하는 내용을 말할 때 쓰는 표현 'Don't forget~'을 배워봅시다.

▶**CHECK IT!** 그림을 보고 알맞은 답을 골라봅시다.

Q. What does Mom Chunk want to say?

☐ Don't forget that there is a bus.
☐ Don't forget that there is a super market.
☐ Don't forget that you shouldn't show your power to people!

▶**SCENE SCRIPT**

Ms. Chunk : No, you can't / say anything.
　　　　　아니, 너는 ~해서는 안된다. / 어떤 것도 말해서는

If you use your superpower / next time, / you will be grounded.
만약 수퍼파워를 이용한다면, / 다음에 / 외출 금지야!

Don't forget / that you shouldn't show / your power / to people!
기억해라 / 너는 보여주면 안 된다는 것을 / 너의 힘을 / 사람들에게

▶**STUDY & SPEAK IT!** 발음을 익히고 표현을 말해봅시다.

Don't forget that you shouldn't show your power to **people!**

▷형태: Don't forget that 주어 + 동사.
▷해석: (주어)가 (동사) 하는 것을 잊지 말아라
▷의미: 상대방이 잊지 말았으면 하는 내용을 'that' 뒤에 말해 잊지 않도록 당부하는 표현

Don't forget 은 잊지말아달라는 의미이기 때문에 꼭 기억해달라는 'Remember'과 바꿀 수 있어요. F와 P는 우리말의 [ㅍ] 소리와 비슷하지만 차이가 있어요. F를 발음할 때는 윗니로 아랫입술을 살짝 깨물 듯이 발음을 하고 P를 발음할 때는 윗입술과 아랫입술을 붙였다가 떼면서 소리를 내요. 따라서 forget [포겟]을 소리 내어 말할 때는 윗니를 아랫입술에 대고 살짝 깨물 듯이 [ㅍ] 발음을 해보세요!

이렇게 읽어 봐요!
1. 자음을 연음으로 읽기
2. 의미를 유추, 머리를 위아래로 끄덕 까딱 읽기

1. 잊지 마세요. / (무엇을) 버스가 있다는 것을
　Don't forget / that there is a **bus.**

2. 잊지 마세요. / (무엇을) 수퍼마켓이 있다는 것을
　Don't forget / that there is a **super market.**

3. 잊지 마세요. / (무엇을) / 빵집이 있다는 것을
　Don't forget / that there is a **bakery.**

11

'청크 스토리' 활용방안

검토진 선생님들의 '청크 스토리' 활용방안 모음입니다.

1. 서울 장평중 김미래 선생님
2. 파주 운정고 서석호 선생님
3. 세종장영실고 이다솜 선생님
4. 울산 엠플 영어원장 신제형 선생님
5. 전북 전라고 이창환 선생님
6. 안산 초당초 이미순 선생님
7. 서울 중동중 하지선 선생님
8. 서울 강동초 김예린 선생님
9. 경기 문정중 원어민 교사 Jonathan Perry

▶ 상황별 Scene 별로 구성되어 있기에 기본 문형을 익히고 파트너와 함께 스피킹 연습을 반복하기에 좋은 책인 것 같습니다. 또한 삽화가 있어 그림을 활용하여 상상력을 부여하면서 자신의 이야기를 핵심 문장들로 만들어 나가면서 숙지시켜 자연스러운 Writing 연습으로 이어지게 하면 좋을 것 같습니다.

▶ 영어 회화 동아리 운영, 정규수업 말하기 보조자료, 말하기 방과후 수업 운영에 활용할 수 있습니다.

▶ 저는 특성화고등학교의 호주 글로벌 현장학습을 떠날 학생들을 대상으로 일상 영어회화를 가르쳐야 하는데요. 이때 listen and repeat 하는 용도로 활용하고자 합니다. 주 1회, 50분 수업 기준으로 학생들이 쉬지 않고 계속 말하게 할까 해요. 2학기 때 해야 하니, 출간 작업이 그 전에 되면 좋겠네요!

▶ 듣기, 말하기 수업 내용과 청크 스토리 교재에 나와 있는 표현이나 상황이 비슷한 경

우 자료로 활용할 수 있을 것 같고, 특히 발음, 억양, 강세, 연음 등을 가르칠 때 유용하게 사용할 수 있을 것 같습니다. 아울러 의미단위를 구분해서 순서대로 의미를 파악하는 데 청킹을 효과적으로 활용할 수 있을 것 같네요. 5번 반복해서 읽는 활동도 효과적인 복습에 도움이 될 것 같습니다.

▶ 총 3가지의 활용 방안을 구상해보았습니다.

먼저, 정규 영어 수업 시간에 수준별 수업을 진행하지 않는 학교의 경우, 배움이 빠른 학생들은 항상 시간이 남고 배움이 느린 학생들은 항상 시간이 빠듯한 경우가 생깁니다. 해당 경우에 배움이 빠른 학생들이 시간이 남았을 때 할 수 있는 고정 활동 및 교재로 해당 교재를 활용할 수 있을 것이라 생각됩니다. 당일에 진행했던 활동과 연관되도록 교사는 사전에 범위를 지정하고 시간이 남은 학생들이 연습할 수 있도록 안내해주는 방식으로 해당 교재를 알차게 활용할 수 있습니다.

다음으로, 중학교 1학년 자유학기(년)제 주제 선택 프로그램에서 영어 언세 수업을 할 때, 사용하기에 용이한 교재라고 생각됩니다. 패턴을 중심으로 학습하며 학생들이 대화를 해보고, 이 패턴을 중심으로 더 다양한 발화를 해보는 활동을 진행하면서 학생들의 영어 실력이 향상될 것이라고 생각됩니다.

마지막으로, 방과 후 수업에 사용할 수 있을 것 같습니다. 교과서 진도를 따라가는 것이 어려운 학생들을 대상으로 영어 시험의 틀에서 벗어나 의사소통 기능에 집중하는 수업을 진행해보고 싶으신 선생님들께 추천해 드리고 싶습니다.

이 외에도 다양한 활용 방안이 있을 것이라 생각되지만 저의 경험상 위의 세 가지 방식을 가장 잘 활용할 수 있을 것이라 생각합니다.

▶ 청크스토리 활용 수업 아이디어
**중학교 영어 각 lesson에 포함된 Useful Expressions (유용한 표현_생활영어/회화 파트)부분을 〈청크스토리〉로 대체하여 수업하면 좋겠습니다.
1) Guessing Activity
- 카툰의 내용 및 주요 표현 확인 전 그림만 보고(순서를 섞은 그림) 나만의 표현으로 sequence 짜보고 영어로 표현해보기
- Guessing 활동 후 카툰의 음원 혹은 영상보면서 발음/ 연음/ 청크 확인한 후 shadowing

2) 청크 학습 후

 - 청크 대화를 활용하여 그룹별 chant 대회 해 보기 (발음, 연음, 청크 표현 자연스럽게)

 - 청크 표현 이용하여 나/짝/그룹만의 대화 만들어 보기(아이들의 학교생활 및 부모와 아이와의 대화 등 갈등 상황을 가미하면 학생들이 몰입하여 대화를 만들어 갈 수도 등). 조별로 창작한 대화를 발표할 때 처음에 miming으로 표현하여 다른 그룹에서 내용을 추측하게 해 볼 수도 있다. 이후에 발음, 연음, 청크 표현, body language등을 살려서 role-playing!

 - 청크 대화 학습 후hot-seating활동으로 청크 family 인터뷰 해보기 '가능한 청크 표현을 많이 활용하고 상상력을 발휘하여 가능한 많은 질문을 한다. Interviewee(교사 혹은 학생)도 즉석에서 기지를 발휘하여 대답^^'

 - 청크 대화 속 내용이 갈등 상황이라면 (선택을 해야 하는 딜레마적 상황) conscience alley (thought tunnel)활동을 해볼 수도 있다.

 (참고: https://www.youtube.com/watch?v=-Hs0LirW9v8)

 ▶ 성우가 되어 청크스토리 낭독 녹음하기

 청크스토리로 유대인의 공부법인 하브루타에 적용해 보았습니다. 하브루타 3단계 질문법을 활용하여 짝(하베르)과 함께 공부하도록 했는데, 요구하고 기대한 수준 이상으로 아이들이 재밌게 공부하였고 결과물 또한 감동적이었습니다. 하브루타식 공부는 시간을 충분히 주어야 더욱 효과적이지만 흉내를 내는 것만으로도 효과가 있었습니다. 청크스토리 본문에 있는 만화와 영어회화 스크립트만 제공하고 하브루타 3단계 질문법을 활용하여 내용 파악을 하게 한 후 성우가 되어 대화 내용 낭독하여 녹음하기 활동을 하도록 했는데 실감나고 신나게 활동을 하였고 내용 파악은 물론 실생활에서 사용하는 듯 자연스러운 영어회화를 구현하는 것을 보았습니다. 간단한 절차를 설명하겠습니다.

 1. 청크스토리 각 단원에 있는 Scene 1, 2, 3의 만화와 스크립트를 소리내어 큰 소리로 두세 번 반복해서 읽는다. (학습자 능력에 따라 Scene을 쪼개어 활용할 수 있다.)

 2. 짝(하베르)과 함께 하브루타 3단계 질문을 만들어 서로 나누고 토론한다.

 [하브루타 3단계 질문법]

 1단계: 내용/이해 질문(텍스트를 읽으면 바로 답할 수 있는 질문)

 2단계: 심화/상상 질문(본문에 직접 적혀 있지는 않지만 행간을 살피거나 상상하면 답

할 수 있는 질문)

    3단계: 실천/적용 질문(삶 속에서 실천하고 적용할 수 있도록 이끄는 질문)

    3. 짝(하베르)과 함께 성우가 되어 본문을 큰 소리로 낭독하여 녹음한다.

활동 예시 결과물 동영상 QR코드

성우가 되어 청크스토리 낭독하기

https://youtu.be/vp4NFsfvwq0

		수업지도안		
주제	17 Chunky가 태어나던 날		대상: 초3~4, 성인기초 / 1차시	40분
목표	1. 학생들은 외모적 특징을 설명하는 표현 have 동사를 이해하고 활용한다. 2. 행복했던 순간을 나타내는 표현 I was so happy when 의 표현을 이해하고 활용한다 3. 격려와 확신을 표현하는 'I knew (that) you could ~'의 쓰임을 이해하고 활용한다.			

단계	procedures	Teaching & Learning Activities	Time
Intro	Greeting	exchanging greetings & small talk	1'
	Review	reviewing key expressions of the last class Unit 16 & Homework check	3'
	Motivation	showing pictures of a family & newborn baby	1'
Development	Presentation 1	presenting pictures Today's Dialogue Scene 1 & script on main book 99p explaining vocabulary : curly, Braids hair Practice workbook scene 1 on 50p	5'
	Activity 1	making today's dialogue Scene 1 with their partner, changing roles in turn. writing sentences using the key expression "have" making presentation in front of others	5'
	Presentation 2	presenting pictures Today's Dialogue Scene 2 & script on main book 99p explaining vocabulary : daughter, son, marry Practice workbook scene 2 on 50p	5'
	Activity 2	making today's dialogue Scene 1 with their partner, changing roles in turn. writing sentences using the key expression "I was so happy when" making presentation in front of others	5'
	Presentation 3	presenting pictures Today's Dialogue Scene 3 & script on main book 99p explaining vocabulary : ride, become, healthy, make it Practice workbook scene 3 on 50p	5'
	Activity 3	making today's dialogue Scene 3 with their partner, changing roles in turn. writing sentences using the key expression "I knew (that) you could ~" making presentation in front of others	5'
Consolidation	Wrap up	summarizing today's lesson	3'
	Assignment	giving the students homework	2'

· 송형호

헐!! 시트콤 같은 교재입니다. 읽을수록 빠져드네요. 아이들이 영어에서 자기 삶과의 연관성을 느끼지 못하면 기피 대상이 되면서 영포자(영어 포기자)가 탄생합니다.

이 책은 한편으로 만화책이기도 하네요. 초등학생이나 촉각 학습자들은 색칠하기(coloring)를 좋아합니다. 만화에 색칠을 하면서 스토리를 추측해볼 수도 있을 것 같습니다. 이야기가 전개되면서 가족의 삶이 펼쳐지는 모습이 눈에 생생합니다. 좋은 책은 재미, 감동, 정보의 3박자를 갖춥니다. 초능력을 가진 아이 이야기는 재미도 선사합니다.

추천사를 의뢰받자마자 3장까지 읽고 이 책의 가능성을 충분히 확인하고 추천사를 썼습니다. 현직 중고등학교 영어 교사들의 집단지성으로 구성이 되었다니 감동도 크고요. 재미, 감동, 정보 삼박자를 갖춘 잘 익은 채으로 추천힙니다.

추천인 프로필

· 35년 경력의 전직 영어교사
· 돌봄치유교실 카페(cafe.naver.com/ket21)의 개설자이자 고문
· 「훌륭한 교장은 무엇이 다른가」의 역자

· 이찬승

「청크 스토리」초급 영어회화 교재에 딸린 '청크송' 동영상을 눌렀더니 다음과 같은 경쾌한 톤의 아름다운 노래가 흘러나왔다.

"영어 문장 이해 못해, 긴 문장은 더욱 그래♪~ "
"기억했다 쓰고픈 데 다섯 개가 한계래♪~ ",
"좋은 방법이 없을까?♪~ "
"듣기, 말하기, 독해(→읽기), 쓰기♪~ ",
"정보처리 능력 한계 깨뜨려보고 싶어♪~ ",
"청킹이 답이야 ♪~ "

청크송

절로 신이 나고 나도 모르게 따라 불렀다. 귀에 쏙쏙 들어왔다. 뇌에 도파민이 팍팍 분비되어 기분이 좋아지고 학습 동기가 올라간다! 이어서 저자들의 동영상 강의 하나를 클릭했다.

직장 상사 Mr. Scrooge가 부하직원 Mr. Chunk에게 일의 완료를 지시하는 장면의 역할

극이다.

> **Mr. Scrooge** : I'm afraid I must go. If you don't finish it, you have to work with me tonight.
> This is your last chance. Okay?
> **Mr. Chunk** : I see, boss.

화난 목소리가 긴장감을 넘어 간장을 서늘하게 하면서도 재밌다. 이에 기죽은 Mr. Chunk의 대답이 너무 안쓰럽다. 이를 듣는 순간 '맞아, 학습은 이렇게 해야 해. 감정이 실린 내용은 뇌가 우선적으로 정보처리를(기억을) 처리하거든.' 하는 생각이 스쳤다.

앞의 청크송은 밝고 아름다운 노래여서, 뒤의 Mr. Scrooge와 직원 Mr. Chunk 간의 대화는 공포, 동정과 같은 감정을 자아내기에 뇌가 쏙쏙 기억한다. 지루할 겨를이 없다.

「청크 스토리」의 최고 매력은 이렇게 실감나는 연극으로 연습할 수 있도록 구성된 스토리라는 점이다.

「청크 스토리」는 초급 영어회화 교재다. 스토리 형식이고 회화에 필요한 기본적인 구어표현 90개로 구성되었다. 영어를 우리말식으로 번역하지 않는다. 처음부터 끝까지 직독직해다(Could you tell me / how to get / to V-mart?). 이를 통해 영어식 사고를 몸에 배게 한다. 하나의 구문(chunk)을 몇 가지 다른 상황으로 응용한다. 복수의 단어를 하나의 의미덩어리(chunk)로 묶어 이해하고 사용하면 영어가 놀랍고도 빠르게 는다. 매우 뇌친화적인 접근이다. 곳곳에 묻어나는 필자들의 열정이 학습자에게도 즉각 전염된다. 많은 독자들이 「청크 스토리」에 푹 빠질 것 같다.

추천인 프로필
·공익단체 <교육을바꾸는사람들> 대표
·정의롭고 공정한 교육이라는 새로운 공교육을 위한 청사진을 만들고, 사회·경제적으로 불리한 위치에 놓여있는 아이들에게 꿈과 희망을 주는 교육프로그램을 연구 개발 보급하고 있음

• 손지선

"선생님 저는 영어 읽지도 못해서 영어 포기했어요."
이런 아이들을 매일 교실에서 봅니다. 아이들에게 어떻게 영어를 가르칠까 매일 고민하

던 와중 청크스토리를 보았습니다. '상황 속에 담긴 이야기로 가르치면 내용 기억도 쉽고 배우기도 좋겠구나'라는 생각이 뇌리를 스칩니다. 우리 뇌는 일화 기억력이 매우 뛰어나다는 것과 청크스토리는 일맥상통합니다.

상황 속 스토리를 활용해 영어를 배울 수 있는 청크스토리는 영어를 배우는 학생들에게 좀 더 쉽고 즐겁게 공부할 수 있도록 큰 도움을 주는 교재라고 확신합니다.

추천인 프로필

· 현 15년차 중학교 영어교사
· 영어교육유공교원 교육부장관상 표창
· 중학교 영어교과서 저자

· 최선경

스토리텔링을 엮어 각 유닛의 장면들이 자연스럽게 연결되게 구성한 점이 눈에 띄네요. 교재를 활용하는 학생들의 흥미를 유발하기에 충분해 보입니다. 청크 표시와 함께 문장 안에서 상조해서 읽어야 할 단어를 굵게 표시해서 학생들의 영어 문장 독해와 읽기에 도움이 되겠어요.

Check It, Review, Try It 코너 등을 통해 학생들이 중요 표현을 반복해서 익힐 수 있는 구성 또한 마음에 듭니다. 각 유닛에 어울리는 명언을 적재적소에 배치한 모습에서 저자들의 세심함을 엿볼 수가 있네요. 내용, 구성 면에서 한마디로 디테일이 살아있는 교재네요.

영어에 흥미가 없는 학생, 기초가 부족한 학생, 기본을 다지고 싶은 학생들에게 큰 도움이 될 것으로 보입니다. 방과 후 수업 교재나 기초·기본반 수업 교재로 널리 활용되기를 바랍니다.

추천인 프로필

· 23년차 중학교 영어교사
· 교사성장학교인 고래학교 교장
· 실천교육교사모임 회원
· <프로젝트 수업 어디까지 해봤니>, <체인지 메이커로 우리 교실을 체인지한다>, <미래교육 혁신, 디퍼러닝>,
  <교사 공감 행복한 교사가 되는 15가지 습관> 원격연수 강사
· 『긍정의 힘으로 교직을 디자인하라』, 『체인지 메이커 교육』, 『중등학급경영_행복한 교사가 행복한 교실을 만든다』,
  『어서와! 중학교는 처음이지?』 외 다수 출간

▪ 양현

〈청크 스토리〉는 한 번 읽기 시작하면 책을 못 내려놓게 만드는 신기한 영어책입니다. Mr. Chunk 가족의 이야기를 4컷 만화 보듯이 읽다 보면 어느새 마지막 페이지까지 가 있거든요. 만화책처럼 부담 없이 여러 번 읽다 보면 유용한 표현이 머릿속에 쏙쏙 들어와 있을 거예요. 실용적인 영어 회화 표현을 익히고 싶으신 학생 또는 일반인들에게 적극 추천합니다.

추천인 프로필

· 현 중동고등학교 영어교사
· 캠브리지 CELTA 튜터
· 능률 실용영어회화, 영어회화 교과서 집필
· 천재 고등학교 공통영어 영어교과서 집필
· EBSe 〈최고의 영어교사〉 제36강 (콘텐츠를 활용한 학습자 중심 문법 수업) 출연 (2012.5.2.)

▪ 김우중

패턴북은 보통 딱딱한데 〈청크 스토리〉는 카툰으로 학습자의 흥미도는 높이고 부담감은 줄여 말랑말랑합니다. 말랑말랑하지만 짜임새 있는 액티비티들이 뒷받침하고 있어 학습서로서 전혀 손색이 없습니다. 억양이 표시된 텍스트도 인상적입니다.

듣말읽쓰(듣기, 말하기, 읽기, 쓰기)에서 청크의 중요성은 아무리 강조해도 지나치지 않습니다. 모쪼록, 학습자들이 이 책의 진가를 인지하여 〈청크 스토리〉 2권, 3권, 4권 등이 시리즈로 쭈~욱 나오길 기대해봅니다.

추천인 프로필

· 교재개발학 석사
· 「스샘과 에릭의 영어문장 2000 듣고만 따라 말하기」 저자

▪ 김미래

영어는 덩어리로 이루어진 언어이다. 그렇기 때문에 덩어리 통째로 공부한 영어야말로 우리의 머릿속에 오래 남을 수 있다. '청크 스토리'는 영어의 덩어리, 즉 "chunk"를 스토리 속에 녹여내어 영어를 그 본연의 모습 그대로 받아들일 수 있도록 해준다.

깔끔한 구성과 실제적인 맥락 속에서 영어와 친해지며, 활용도 높은 패턴에 대한 응용력은 물론 영어에 대한 자신감도 자연스럽게 자리 잡을 것이다.

교사들의 영어 수업 교재로서도, 학생들의 자기주도 학습 교재로서도 매우 훌륭한 교재

이다.

추천인 프로필

· 현 서울 장평중 영어교사
· 연세대학교 Tesol 자격증 수료
· 한국외국어대학교 영어교육과 및 영어학과 학사 졸업
· 서울대학교 AI융합교육학과 석사 재학 중

▪ 염성희

긍정적이고 따뜻한 에너지로 학생들과 동료 교사에게 큰 힘을 주고 계시는 이선 선생님의 책에 추천의 말씀을 올리게 되어 큰 영광입니다.

이번에 출간하시는 〈청크 스토리〉는 기초 영어 회화 학습에 중요한 청크 표현을 담고 있으며 학교 영어 수업 현장에서 간과하기 쉬운 청크 표현의 발음, intonation, 끊어 읽기 등을 다루고 있습니다. 독해와 문법 등에 치중하여 수업을 진행하다보면 정작 의사소통에 필수적인 발음, 의미 단어를 강조한 끊어 읽기 등을 놓치기 십상입니다.

교과서 각 단원마다 회화 파트가 있지만 본격적인 연습과 활용을 할 시간적 여유도 자료도 부족합니다. 학교 현장에서 수업을 하시면서 회화 파트를 다루실 때 〈청크 스토리〉를 주교재 혹은 부교재로 활용하시면 어떨까요? 영어를 막 배우기 시작한 학생들에게 자신감과 유창성을 길러 줄 의미 있는 시간을 만드시리라 생각합니다!

추천인 프로필

· 경기도 김포중학교 재직 중인 22년차 영어교사
· (현) 국제영어대학원대학교에서 연수 중
· 부산, 경기도 중고등학교 및 카이스트 부설 한국과학영재학교 파견 근무

CONTENTS

서문 ··· 004

등장인물 ··· 008

구성과 특징 ··· 010

'청크 스토리' 활용방안 ··· 012

추천사 ··· 017

UNIT 01 – 청크 가족 이사 오는 날! ··· 027

UNIT 02 – Mr. Chunk가 제일 잘 나가! ··· 030

UNIT 03 – 가족의 탄생! ··· 033

UNIT 04 – Chunky 집에서 생긴 일! ··· 036

UNIT 05 – 이웃과의 대화 ··· 039

UNIT 06 – 저희 집에도 오실래요? ··· 042

UNIT 07 – V-mart로 어떻게 가죠? ··· 045

UNIT 08 – 버스 정류장에서 생긴 일! ··· 048

UNIT 09 – 너의 힘은 비밀이야! ··· 051

UNIT 10 – 버스 안에서 ··· 054

UNIT 11 – 범죄 현장 목격! ··· 057

UNIT 12 – 도와주세요! ··· 060

UNIT 13 – 경찰서에서 생긴 일 ··· 063

UNIT 14 – 범인을 찾아라! ··· 166

UNIT 15 – 범인 체포 성공!　　　　　　… 069

UNIT 16 – 경찰서에서 걸려온 전화　　　… 072

UNIT 17 – Chunky가 태어나던 날　　　… 075

UNIT 18 – 초능력을 가지고 태어난 아이　… 078

UNIT 19 – 일하기 힘든 날　　　　　　… 081

UNIT 20 – Mr. Chunk가 혼난 날　　　… 084

UNIT 21 – 직장생활은 힘들어!　　　　… 087

UNIT 22 – 우울한 하루　　　　　　　… 090

UNIT 23 – 힘을 주는 하루　　　　　　… 093

UNIT 24 – 그 시절이 떠올라요　　　　… 096

UNIT 25 – 쇼핑은 즐거워　　　　　　… 099

UNIT 26 – 아이들을 찾아주세요　　　… 102

UNIT 27 – 아이들을 찾아주세요　　　… 105

UNIT 28 – 당신을 위해 할 수 있는 일이?　… 108

UNIT 29 – Mr. Gang과 Mr. Evil이 만난 날　… 111

UNIT 30 – 도대체 왜 잡힌거야?　　　… 114

<정답지>　　　　　　　　　　　　… 117

청크스토리

Chunk Story

UNIT
01 청크 가족 이사 오는 날!

scene 1 안부를 묻는 표현 'How are you doing?'
scene 2 자신을 소개하는 표현 'I'd like to introduce myself.'
scene 3 직업을 묻는 표현 'What do you do for a living?'

▶ TODAY'S DIALOGUE

Scene 1

Mr. Chunk: Hello! / ( ) are ( ) doing?
　　　　　 Nice to meet you!
　　　　　 안녕하세요! / 어떻게 지내세요?
　　　　　 만나서 반갑습니다!

Jack: Nice / to meet you, too!
　　　 It's not often / we get new neighbors.
　　　 반가워요! / 만나서 저도 /
　　　 자주 있는 일이 아니라서요 / 우리가 새 이웃을 맞이하는 게.

Scene 2

Jack: What is your name?
　　　 이름이 뭐죠?

Mr. Chunk: I'd ( ) / to ( ) myself.
　　　　　 My name is / Chunk.
　　　　　 저는 하고 싶어요 / 저를 소개하는 것을.
　　　　　 제 이름은 / Mr. Chunk에요.

Scene 3

Jack: Where are you from?
　　　 And ( ) do ( ) do / for a ( )?
　　　 어디에서 오셨나요? /
　　　 그리고 (직업으로) 뭐하세요? / 생계 수단으로

▶Words & Phrases 빈칸에 한글 뜻과 영어 단어 및 숙어를 적어봅시다.

√	English	Korean
√	often	자주, 종종
	neighbor	
	introduce	
	myself	
	for a living	
	would like to~	

√	Korean	English
√	생계 수단으로	for a living
	자주, 종종	
	소개하다	
	~하고 싶다	
	이웃	
	나 자신	

▶Check It Out! Word Search Puzzle을 풀어봅시다.

아래 퍼즐에서 오른쪽 영어 단어 및 숙어를 찾아봅시다.

가로, 세로, 대각선, 역순도 모두 가능합니다. 찾은 단어는 √표시 해보세요.

```
R Q A H H L D R K O E R E F P
U O L S I S I N P U P U E N T
F E S K K M E V L Y V F J Z Y
S K E E D D C E I H U I G P P
F H Q O P Q U F W N Q U U I E
U G J I X F D Z N U G R S N I
K J A F L O O C U P W Q C P L
R S U E W A R Q Q G M W G S B
C O S S W D T R S M P P G Q A
M Y B L D W N O T W K W R L Z
M T Q H S R I A W T H X A R T
Y Q A M G D K D O M T F Z Y Z
H Y P H T I K S U P M M W B L
O C L M B Q E K L R N E T F O
F O R R T T F N D M C J B Q O
```

√	영어 단어 및 숙어
	often
	neighbor
	introduce
	myself

▶ PRACTICE MORE!

1. 다음 [   ] 안에서 알맞은 것을 골라 동그라미 하시오.
   (1) How are you [do / doing]?
   (2) [I'd / I'm] like to introduce myself.
   (3) What do you do for a [live / living]?

2. 괄호 안의 한글 해석을 참고하여 <u>틀린</u> 부분을 찾아 바르게 고치시오.
   (1) Nice to meeting you. (만나서 반가워요.)
       (   ) → (   )
   (2) What is him name? (그의 이름은 무엇인가요?)
       (   ) → (   )
   (3) When are you from? (그는 어디에서 오셨나요?)
       (   ) → (   )

3. (   ) 안의 말을 활용하여 바르게 영작하시오.
   (1) 나도 당신을 만나서 기뻐요. (nice, meet, too)
       → _____.
   (2) 당신의 이름은 무엇인가요? (what, your)
       → _____?
   (3) 당신의 아버지는 직업이 무엇입니까? (what, does, living)
       → _____?

We become what we think about.
우리는 우리가 생각하는 대로 된다.
- Earl Nightingale

UNIT

02 Mr. Chunk가 제일 잘 나가!

scene 1 과거의 습관을 나타내는 표현 'used to'
scene 2 감사 인사할 때 쓰는 표현 'thank you for~'
scene 3 제안할 때 많이 쓰이는 표현 'would you~?'

▶ TODAY'S DIALOGUE

Scene 1

Mr. Chunk :My job, hmm~ / It has been a long time.
I was a Superhero.
제 직업은, 음~ / 아주 예전에 / 저는 영웅이었습니다.

I used to / (　　) people / from danger / and (　　) villains.
저는 했어요. / 사람들을 구하고 / 위험에 처한 / 그리고 악당들을 무찌르고

Many people loved / and praised me /
for my heroic actions.
많은 사람들이 저를 사랑했고 / 저에게 찬사를 보냈지요. /
저의 영웅적 행동에 대해

Scene 2

Young Mr. Chunk :
Thank you / (　　) your (　　　　), / citizens.
감사드립니다 / 당신들의 친절에 / 시민 여러분.

Citizens : We love you, / Mr. Chunk.
우리 당신을 사랑해요, / 청크씨.

Scene 3

Mr. Chunk : One day, / I met a beautiful lady /
who had some superpowers, / and I fell in love
with her / at first sight.
어느 날, / 저는 아름다운 여인을 만났습니다 / 슈퍼파워를 지닌
/ 그리고 저는 반해 버렸습니다. / 첫눈에
Young Mr. Chunk : Would you (　　) my (　　), /
my beautiful lady?
저와 결혼해 주겠소, / 나의 아름다운 여인이여?
Young Ms. Chunk : Oh, yes. / I'd love to.
네, 물론이죠. / 저도 너무 좋아요.

▶Words & Phrases 빈칸에 한글 뜻과 영어 단어 및 숙어를 적어봅시다.

√	English	Korean		√	Korean	English
√	job	직업		√	위험	danger
	save				구하다, 저축하다	
	danger				칭찬하다	
	defeat				직업	
	villain				친절	
	praise				패배시키다, 물리치다	
	heroic				시민	
	action				영웅적인	
	kindness				악당	
	citizen				(과거의) 어느 날	
	one day				행동	
	at first sight				~하고 싶다	
	would love to~				첫눈에	

▶Check It Out!

영영 풀이에 맞는 영어 단어를 위의 단어 중에서 찾아 쓰시오.

1. the possibility that someone may be harmed or killed (possibility: 가능성)

⇒ _____

2. the work that someone does to earn money

⇒ _____

3. the quality of being gentle, caring, and helpful (quality: 특성)

⇒ _____

▶ PRACTICE MORE!

1. 다음 [   ] 안에서 알맞은 것을 골라 동그라미 하시오.

   (1) I used [to save / saving] people from danger.

   (2) Thank you for your [kind / kindness].

   (3) Would you accept my [propose / proposal]?

2. 괄호 안의 한글 해석을 참고하여 **틀린** 부분을 찾아 바르게 고치시오.

   (1) It have been a long time. (그것은 오래 전의 일이었다.)

   (   ) → (   )

   (2) We love your. (우리는 당신을 사랑해요.)

   (   ) → (   )

   (3) I met a beautiful lady which had some superpowers.
   (나는 슈퍼파워를 지닌 아름다운 여인을 만났어요.)

   (   ) → (   )

3. (   ) 안의 말을 활용하여 바르게 영작하시오.

   (1) 나는 캠핑을 하곤 했어. (used to)

   → _____.

   (2) 저에게 이 기회를 주셔서 감사해요. (this opportunity)

   → _____.

   (3) 나의 선물을 받아주시겠어요? (my gift)

   → _____?

To think is easy. To act is hard.
But the hardest thing in the world is to act
in accordance with your thinking.
생각하는 건 쉽고 행동하기는 어렵습니다.
하지만 세상에서 가장 어려운 일은 생각한 대로
실행에 옮기는 것입니다.
- Johann von Goethe

UNIT
03 가족의 탄생!

scene 1 '~에서 태어나다'는 표현 'be born in~'
scene 2 이유를 나타내는 표현 'It's because~'
scene 3 기쁨을 나타내는 표현 'I am very delighted to~'

▶ TODAY'S DIALOGUE

Scene 1

Mr. Chunk :
After we got (   ), / my daughter and my son, / Chunky, were (   ).
우리가 결혼한 후에, / 나의 딸과 아들, / 청키가 태어났습니다.
With my babies growing, / I had to give up being a hero / and find a new job.
아이들이 자라면서, / 나는 영웅이 되는 것을 포기하고 / 새로운 직장을 찾아야 했습니다.

Scene 2

Mr. Chunk : I packed our stuff / and moved to a new city.
저는 짐을 싸서 / 이사를 했습니다.
It's (   ) / this city is (   ) and small.
~이기 때문입니다. / 이 도시는 깨끗하고 작기
We wanted / to raise them / in this peaceful city.
우리는 원했습니다 / 아이들을 키우기를 / 이런 평화로운 도시에서

Scene 3

Ms. Chunk : Hello, / I'm Ms. Chunk.
안녕하세요. / 저는 청크 부인입니다.
It's really nice / of you / to help my husband to move our stuff.
정말 친절하시군요 / 당신은 / 제 남편을 도와주시다니 / 물건을 옮기는 것을
Would you like / some coffee?
하시겠어요? / 커피라도 한 잔
Jack : It was not a big deal, / ma'am.
별일도 아닌걸요. / 부인
Thank you / for your kindness.
감사합니다 / 친절을 베풀어 주셔서
Ms. Chunk : I am very (   ) / to (   ) you.
저는 매우 기쁩니다 / 당신을 초대할 수 있어서

▶Words & Phrases 빈칸에 한글 뜻과 영어 단어 및 숙어를 적어봅시다.

√	English	Korean
√	be born	태어나다
	grow	
	have to	
	give up	
	action	
	pack	
	move	
	raise	
	peaceful	
	stuff	
	really	
	kindness	
	delighted	
	invite	

√	Korean	English
√	포기하다	give up
	자라다	
	이사하다	
	행동	
	태어나다	
	평화로운	
	(짐을) 싸다	
	것, 물건	
	~해야 한다	
	키우다	
	초대하다	
	아주 기뻐하는	
	정말로	
	친절	

▶Check It Out! Double Puzzles를 풀어봅시다.

철자를 알맞게 배열하여 단어를 완성하세요. 정답은 위 단어들 중에 있습니다. 동그라미 친 곳에 들어가는 알파벳을 맨 아래 칸에 옮긴 후 조합하여 마지막 '비밀의 단어'를 완성해보세요.

RWOG

ATNOCI

EFPLEUAC

NNSDIEKS

DIEDGELHT

ALYELR

비밀의 단어

▶ PRACTICE MORE!

1. 다음 [ ] 안에서 알맞은 것을 골라 동그라미 하시오.

  (1) My sister was [bearing / born] in Suwon.

  (2) It's [because of / because] this village is peaceful.

  (3) I am delighted [to go / going] on a picnic.

2. 괄호 안의 한글 해석을 참고하여 <u>틀린</u> 부분을 찾아 바르게 고치시오.

  (1) After we got marrying, my daughter and my son were born. (우리가 결혼한 후에 나의 딸과 아들이 태어났다.)

    (   ) → (   )

  (2) We wanted to rise them in this peaceful city.

    (우리는 이 평화로운 도시에서 그들을 키우기를 원했다.)

    (   ) → (   )

  (3) It's really nice for you to help my husband.

    (나의 남편을 도와주다니 정말 친절하시군요.)

    (   ) → (   )

3. ( ) 안의 말을 활용하여 바르게 영작하시오.

  (1) 나는 새로운 직업을 찾아야만 했어요. (had to, job)

  → _____.

  (2) 이 집이 깨끗하고 조용하기 때문이다. (because, clean, quiet)

  → _____.

  (3) 친절을 베풀어 주셔서 감사합니다. (Thank, for, kindness)

  → _____.

> Kind words can be short and easy to speak,
> but their echoes are truly endless.
> 친절한 말을 하는 것은 간단하고 쉽지만, 그 말의 울림은 정말 끝이 없다.
> - Mother Teresa

U N I T
04 Chunky 집에서 생긴 일!

scene 1 감탄하는 표현 'How nice your house is!'
scene 2 be동사의 부정 의문문 표현 'Isn't it~?'
scene 3 조심하라는 표현 'Watch our for~'

▶ TODAY'S DIALOGUE

Scene 1

Jack :
  Wow, / how (   ) / your house (   )!
  와, / 멋지네요 / 당신의 집이!
  What a nice standing lamp! 멋진 스탠드네요!

Mr. Chunk :
  Thanks, / have a seat, please.
  What kind of coffee / do you want?
  감사합니다, / 어서 앉으세요. / 어떤 종류의 커피를 / 원하세요?

Scene 2

Jack :
  (breaks the pot) Uh oh, / I made a mistake / again.
  (포트를 깨고) 오호 이런, / 제가 실수를 했네요 / 또

Mr. Chunk :
  (gets surprised) What happened? Is your arm (   )?
  Isn't it (   )?
  (놀라며) 무슨 일인가요? / 팔은 괜찮으세요? / 다친 곳은 없으세요?

Mr. Chunk : I'm OK. It was too weak, / maybe.
  저는 괜찮습니다. / 이게 너무 약한가 봅니다, / 아마도.

Scene 3

Sis Chunk : I'm going / to get and hit you!
          나는 할 거야 / 너를 잡으면 혼낼

Chunky : Ha ha, / you cannot defeat me.
        하하. / 넌 나를 못 이길걸.
        Catch me / if you can!!
        잡아봐 / 잡을 수 있으면

Ms. Chunk : Kids, / watch (   ) / (   ) the table!
          애들아, / 탁자 조심해라!

▶Words & Phrases 빈칸에 한글 뜻과 영어 단어 및 숙어를 적어봅시다.

√	English	Korean
√	lamp	램프, 등
	have a seat	
	kind	
	want	
	make a mistake	
	happen	
	hurt	
	maybe	
	be going to~	
	defeat	
	watch out for	

√	Korean	English
√	종류	kind
	일어나다, 발생하다	
	원하다	
	램프, 등	
	다치게 하다, 아프다	
	자리에 앉다	
	~할 예정이다	
	실수하다	
	아마도	
	~을 조심하다	
	패배시키다, 이기다	

▶Check It Out!

아래 대화의 빈칸에 알맞은 말을 위의 표에 있는 단어 중에서 찾아 쓰시오.

A: What _____ed? Are you OK?

무슨 일 있니? 괜찮아?

B: I made _____ _____ on the mid-term exam.

나 중간고사에서 실수를 했어.

A: I am sorry to hear that. What do you _____ to do now?

안됐구나. 지금 무엇을 하기를 원하니?

B: _____, I _____ _____ _____ take a rest.

아마도, 나는 휴식을 취할 예정이야.

A: Good for you.

잘됐다.

B: Thank you. You are so _____.

고마워. 너는 참 친절하구나.

▶ PRACTICE MORE!

1. 다음 [   ] 안에서 알맞은 것을 골라 동그라미 하시오.
   (1) How [nice / nicely] your house is!
   (2) What [happening / happened]?
   (3) Watch out [for / of] the table.

2. 괄호 안의 한글 해석을 참고하여 **틀린** 부분을 찾아 바르게 고치시오.
   (1) How a fancy watch you have! (멋진 시계를 가지고 있구나!)
       (   ) → (   )
   (2) I had a mistake again. (나는 또 실수를 했어.)
       (   ) → (   )
   (3) I'm going getting and hit you! (나는 너 잡으면 혼낼 거야!)
       (   ) → (   )

3. (   ) 안의 말을 활용하여 바르게 영작하시오.
   (1) 어떤 종류의 차를 드릴까요? (kind, tea, want)
       → _____ ?
   (2) 다리는 괜찮으세요? (leg, OK)
       → _____ ?
   (3) 잡을 수 있으면 잡아봐. (catch, if, can)
       → _____ .

> You can't be happy every day,
> but there are happy things every day.
> 매일 행복할 수 없지만, 행복한 일은 매일 있어.
> - Winnie the Pooh

UNIT

05 이웃과의 대화

scene 1   금지를 나타내는 표현 'should not + 동사원형'
scene 2   장소를 나타내는 의문사 'where'
scene 3   '~하기를 좋아하다'라고 말하는 표현 'like to + 동사원형'

▶ TODAY'S DIALOGUE

Scene 1

Ms. Chunk : How many times / did you do this?
얼마나 자주 / 너희들은 이렇게 행동했니?
Why don't you listen?
너희들 왜 이렇게 말을 안 듣니?
You should (   ) run / in the (   ), / understand?
너희들은 뛰어서는 안 된다 / 부엌에서, / 알겠니?

Sis Chunk & Chunky : Sorry, mom.
죄송해요, 엄마.

Scene 2

Jack : (points at the kitchen) Is everything alright there?
(부엌을 가리키며) 모두 괜찮아진 건가요?
Mr. Chunk :
Don't mind it. Anyway, / I want to know more / about
this town. (   ) do you like / to go (   )?
신경 쓰지 마세요. / 어쨌든, / 저는 더 알고 싶습니다 /
이 마을에 대하여 / 어떤 곳을 당신이 좋아하나요 / 쇼핑하러 가기에

Jack : Well, / I think / V-mart is great.
음, / 제 생각에는 / V-마트가 좋은 것 같아요.

Scene 3

Jack : My family often goes there / when we are free /
or have something / to buy.
저희 가족들은 종종 거기에 갑니다. / 우리가 시간이 남을 때 /
또는 ~것이 있을 때 / 살 것이

Mr. Chunk : By the way, / how is your wife?
그렇군요. / 당신의 아내는 어떤가요?

Jack : Oh, / my wife (   ) / to look (   ) our kids.
She is a good mom.
오, / 제 아내는 ~하는 것을 좋아합니다 /
아이들 돌보는 것을 / 그녀는 좋은 엄마입니다.

▶Words & Phrases 빈칸에 한글 뜻과 영어 단어 및 숙어를 적어봅시다.

√	English	Korean
√	should	~해야 한다
	run	
	kitchen	
	understand	
	sorry	
	everything	
	alright= all right	
	mind	
	free	
	anyway	
	look after	
	kid	

√	Korean	English
√	부엌	kitchen
	괜찮은	
	자유로운	
	유감스러운, 미안한	
	~해야 한다	
	어쨌든	
	뛰다	
	돌보다	
	이해하다	
	모든 것, 모두	
	아이	
	상관하다	

▶Check It Out! Word Search Puzzle을 풀어봅시다.

숨겨진 메시지가 있는 단어 찾기 퍼즐을 풀어보세요.
오른쪽에 있는 단어들을 왼쪽의 퍼즐에서 전부 찾고 나서, 사용되지 않은 알파벳들을 맨 윗줄의 왼쪽에서부터 순서대로 찾아 아래의 빈칸에 적어 숨겨진 메시지를 완성해보세요.

```
N G O P A I N E D N I M N O G
A I N N D S J E K K Y Y P P Y
P B I I G N X R A X R R W T O
H R N V H M A F H F M J Y G M
X Y H Z W T U T F W M K A F X
R A J I H G Y D S I M R P E V
P W H Z F P O R S R P B Q Q F
V Y Q S A M E X E N E W R O E
D N K Y K J X X R V L D P O C
L A C H B I L D T H E K N I B
U S Y G P Q J Y C B F V U U Y
O P O L R I A Q T N S R E D R
H T A C U W K I T C H E N I R
S V G X O Z A H G W R D H K O
V L Z J I B T B A D O Z B W S
```

√	English	Korean
	anyway	
	everything	
	free	
	kid	
	kitchen	
	mind	
	should	
	sorry	
	understand	

hidden message: __ __   __ __ __ __ __   __ __   __ __ __ __ __ .

▶ PRACTICE MORE!

I. 다음 [   ] 안에서 알맞은 것을 골라 동그라미 하시오.

  (1) You should [not run / run not] in the kitchen.

  (2) Where do you like [going shopping / to go shopping]?

  (3) She likes to look [before / after] her kids.

2. 괄호 안의 한글 해석을 참고하여 <u>틀린</u> 부분을 찾아 바르게 고치시오.

  (1) Why did you come here? (너는 왜 여기에 오지 않았니?)

    (   ) → (   )

  (2) I want to know less about the news.

    (나는 그 소식에 대해서 더 많이 알고 싶다.)

    (   ) → (   )

  (3) We often go there when we have nothing to buy.

    (우리는 살 것이 있을 때 그곳에 종종 갑니다.)

    (   ) → (   )

3. (   ) 안의 말을 활용하여 바르게 영작하시오.

  (1) 당신은 도서관에서 자면 안돼요. (not, sleep, library)

  → _____.

  (2) 영화를 보기에 어디가 좋아요? (where, watch a movie)

  → _____?

  (3) 나의 아들은 책 읽는 것을 좋아해요. (son, read books)

  → _____.

> Turn your wounds into wisdom.
> 당신의 상처를 지혜로 바꾸세요.
> - Oprah Gail Winfrey

06 저희 집에도 오실래요?

scene 1 주어의 의지를 나타내는 표현 'will not + 동사원형'
scene 2 제안하는 표현 'Why don't you~?'
scene 3 '미뤄도 될까요?' 라고 묻는 표현 'Can I take a rain check?'

▶ TODAY'S DIALOGUE

Scene 1

Sis Chunk : If you hadn't bothered me, /
                    none of this would have happened!
            네가 날 귀찮게만 안했어도, / 이런 일은 일어나지 않았을 거야!

Chunky : Next time, / I will not (   ) / in the (   ).
          다음에는, / 난 뛰지 않을 거야 / 부엌에서는

Sis Chunk : That's what I am saying!
            나도 그렇게 생각해.

Scene 2

Jack : Thank you / for your kindness / today.
        감사합니다. / 이렇게 친절을 베풀어 주셔서 / 오늘
        Why don't you / (   ) over to my
        (   )?
        어떠세요? / 저희 집으로 오시는 건

Scene 3

Mr. Chunk :
I'd love to. But I have to check my schedule.
저도 그러고 싶습니다. / 그런데 제 일정을 확인해봐야겠네요.
Oh, I have a plan that day. 오, 그날 계획이 있네요.
Can I / take a (   ) (   )?
제가 / 다음으로 미뤄도 될까요?
What about / next Tuesday? 어떠세요? / 다음 주 화요일은
Jack : Good. My wife would be pleased, / too.
        좋아요. / 제 아내도 기뻐할 것입니다, / 마찬가지로.

▶Words & Phrases 빈칸에 한글 뜻과 영어 단어 및 숙어를 적어봅시다.

√	English	Korean
√	bother	신경쓰이게 하다, 괴롭히다
	none ot~	
	happen	
	next time	
	kindness	
	would love to	
	schedule	
	take a rain check	
	pleased	

√	Korean	English
√	다음을 기약하다	take a rain check
	신경쓰이게 하다, 괴롭하다	
	~하고 싶다	
	~중 아무(것)도 ..않다	
	다음에는	
	일어나다, 발생하다	
	친절	
	기쁜	
	일정	

▶Check It Out!

다음 문장을 영작할 때 빈칸에 들어갈 단어를 위의 표에서 찾아서 쓰시오.

I. 나를 괴롭히지 마. 제발 나를 혼자 내버려둬.

-> Don't _____ me. Please leave me alone.

2. 네가 상관할 바가 아니야.

-> It's _____ _____ your business.

3. 당신을 만나서 기뻐요.

-> I am _____ to meet you.

4. 다음에는, 좋은 성적을 얻을 거에요.

-> _____ _____, I will get good grades.

5. 나는 오늘 스케줄이 빽빽하게 있다.

-> I have a busy _____ today.

▶ PRACTICE MORE!

1. 다음 [   ] 안에서 알맞은 것을 골라 동그라미 하시오.
   (1) I will [not run / run not] in the kitchen.
   (2) [Thank / Thankful] you for your kindness.
   (3) My wife would be [please / pleased].

2. 괄호 안의 한글 해석을 참고하여 **틀린** 부분을 찾아 바르게 고치시오.
   (1) That's how I am saying. (나도 그렇게 생각해.)
      (   ) → (   )
   (2) Why don't you coming to my house?
      (저희 집으로 오시는 건 어때요?)
      (   ) → (   )
   (3) Can I took a rain check? (제가 다음으로 미뤄도 될까요?)
      (   ) → (   )

3. (   ) 안의 말을 활용하여 바르게 영작하시오.
   (1) 나는 돈을 낭비하지 않을 것이다. (not, waste)
      → _____.
   (2) 당신은 더 연습하는 것 어때요? (Why, practice more)
      → _____?
   (3) 제가 이 것을 입어봐도 될까요? (try this on)
      → _____?

Change is never easy but always possible.
변화는 결코 쉽지는 않지만 항상 가능하다.
- Barack Obama

UNIT

07 V-mart로 어떻게 가죠?

scene 1 허락을 구하는 표현 'May I~?'
scene 2 공손한 부탁을 하는 표현 'Could you~?'
scene 3 무엇을 아는지 물어보는 표현 'Do you understand~?'

▶ TODAY'S DIALOGUE

Scene 1

Ms. Chunk : Excuse me, sir?
　　　　　　실례합니다, 선생님?
　　　　　　May I / (　　　　) for some (　　　　　　)?
　　　　　　제가 ~해도 될까요? / 길을 물어봐도

Man : Yes, ma'am? Where do you want to go?
　　　네, 아주머니? / 어디로 가기를 원하세요?

Scene 2

Ms. Chunk :
　Could you tell me / (　　　　) to (　　　　) / to V-mart?
　저에게 말해 주실 수 있으세요? / 어떻게 가는지 / V-마트로
　I'm not sure / if I should take a taxi or a bus.
　저는 확신할 수 없어요. / 제가 택시를 타야할지 버스를 타야할지

Man : Oh, / it's very close.
　　　아, / 그것은 매우 가까이 있어요.
　　　But there are few cabs / around here, /
　　　so you'd better take a bus.
　　　그렇지만 몇몇 택시들이 있어요. / 여기 주변에, /
　　　그래서 ~하는 편이 낫습니다. 버스를 타는 것이

Scene 3

Man :
　Go / three more stops / and then get off the bus.
　가세요. / 세 개 더 정류장을 / 그리고 난 후에 버스에서 내리세요.
　And you will find it / next to Wow Bank.
　그리고 너는 찾을 수 있을 거야 / Wow Bank 옆에서
　Do you (　　　　) / what I (　　　　)?
　아시겠어요? / 제가 무슨 말 하는지?
Ms. Chunk : Oh, I see. Got it. 오, 알겠어요. / 알겠습니다.
　　　　　　Thank you / very much, / sir.
　　　　　　감사합니다. / 매우 / 아저씨

▶Words & Phrases 빈칸에 한글 뜻과 영어 단어 및 숙어를 적어봅시다.

√	English	Korean
√	excuse	용서하다, 변명하다
	direction	
	may	
	want	
	how to~	
	get to~	
	sure	
	if	
	close	
	cab	
	get off~	
	next to~	
	Got it.	

√	Korean	English
√	~해도 된다	may
	용서하다, 변명하다	
	확신하는	
	~하는 방법	
	길, 방향	
	원하다	
	~옆에	
	~에 도착하다	
	하차하다	
	~인지 아닌지	
	알았습니다.	
	택시	
	가까운	

▶Check It Out! Criss-Cross Puzzle을 풀어봅시다.

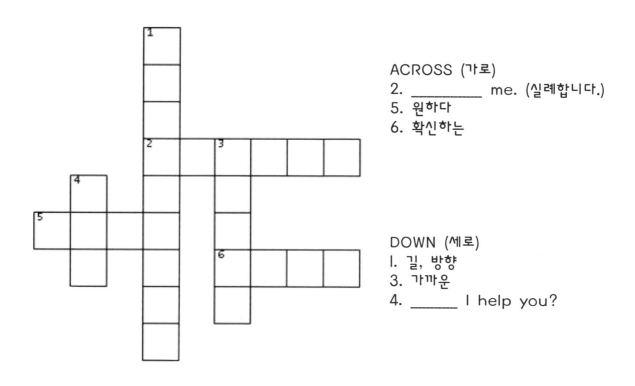

ACROSS (가로)
2. _____ me. (실례합니다.)
5. 원하다
6. 확신하는

DOWN (세로)
1. 길, 방향
3. 가까운
4. _____ I help you?

▶ PRACTICE MORE!

1. 다음 [   ] 안에서 알맞은 것을 골라 동그라미 하시오.
   (1) Excuse [me / my].
   (2) You had better [taking / take] a train.
   (3) You will find it [next / next to] Wow Bank.

2. 괄호 안의 한글 해석을 참고하여 **틀린** 부분을 찾아 바르게 고치시오.
   (1) Why do you want to go? (어디로 가기를 원하세요?)
      (   ) → (   )
   (2) I'm not sure if I could take a bus and subway.
      (저는 제가 버스를 타야 할지 지하철을 타야 할지 확신할 수 없어요.)
      (   ) → (   )
   (3) Go two more stops and then getting off the subway.
      (두 정류장 더 가고 나서 지하철에서 내리세요.)
      (   ) → (   )

3. (   ) 안의 말을 활용하여 바르게 영작하시오.
   (1) 제가 여권 좀 확인할 수 있을까요? (may, see, passport)
   → _____?
   (2) 그 기차역까지 어떻게 가는지 저에게 말해 주실 수 있나요?
      (could, tell, how, get)
   → _____?
   (3) 그녀가 무슨 말을 했는지 아시나요? (know, said)
   → _____?

Nothing happens unless first we dream.
먼저 꿈꾸지 않는다면 그 어떤 일도 일어나지 않는다.
- Carl Sandburg-

UNIT

08 버스 정류장에서 생긴 일!

scene 1 허락을 구하는 표현 'Can I~?'
scene 2 '당신도 알다시피'를 나타내는 표현 'As you know'
scene 3 위협이나 경고를 나타내는 표현 'had better not'

▶ TODAY'S DIALOGUE

Scene 1

Ms. Chunk :
  We will take a bus.
  우리는 버스를 탈 거란다.
  I heard / it will take a few minutes.
  나는 들었다 / 그것이 시간이 걸릴 것이라고 몇 분 정도
Sis Chunk :
  Mom, / then, / (   ) I go there / by (   ) my superpower?
  엄마. / 그러면 / 가도 되나요? / 슈퍼파워를 이용해서
Ms. Chunk : It's not a good idea.
            그것은 좋지 못한 생각이란다.

Scene 2

Sis Chunk :
  As you (   ), / I'm (   ) of / running fast.
  엄마도 알다시피, / 저는 할 수 있어요. / 빨리 달리는 것을

Scene 3

Ms. Chunk : Stop right there.
            지금 당장 그만하렴.
  You'd (   ) not / (   ) your superpower.
  하지 않는 게 좋을 거야. / 슈퍼파워는 사용하는 것을
  I don't want / to talk / about your power / again.
  나는 않았으면 해 / 말하지 / 너의 슈퍼파워에 대해 / 다시

▶Words & Phrases 빈칸에 한글 뜻과 영어 단어 및 숙어를 적어봅시다.

√	English	Korean
√	take a bus	버스를 타다
	hear	
	minute	
	then	
	use	
	be capable of	
	had better	
	want to~	
	talk about~	
	again	

√	Korean	English
√	듣다	hear
	버스를 타다	
	~할 수 있다	
	그러면	
	분	
	다시	
	사용(이용)하다	
	~하는 편이 낫다	
	~을 원하다	
	~에 대해 이야기하다	

▶Check It Out!

아래 대화의 빈칸에 들어갈 알맞은 말을 위의 표에 있는 단어 중에서 찾아 쓰시오.
(필요한 경우, 문장에 맞게 단어를 변형하여 쓰시오.)

A: I _____ _____ watch a movie now.
   나는 지금 영화를 보고 싶어.

B: Me too. By the way, how can we go to the theater?
   나도 그래. 그런데, 영화관에 어떻게 가지?

A: We can _____ _____ _____.
   우리는 버스를 타고 갈 수 있어.

B: How long does it take to get there?
   거기 도착하는 데 얼마나 걸리지?

A: It will take about 40 _____.
   40분 정도 걸릴 거야.

B: We _____ _____ hurry up.
   우리는 서두르는 게 좋겠어.

▶ PRACTICE MORE!

1. 다음 [   ] 안에서 알맞은 것을 골라 동그라미 하시오.

(1) It will [have / take] a few minutes.

(2) I am capable [off / of] running fast.

(3) I don't want to talk [about / with] this problem.

2. 괄호 안의 한글 해석을 참고하여 **틀린** 부분을 찾아 바르게 고치시오.

(1) Can you go there by bike? (제가 자전거를 타고 거기 갈 수 있나요?)

(   ) → (   )

(2) When you know, I can speak English fluently.
(당신도 알다시피, 나는 영어를 유창하게 말할 수 있다.)

(   ) → (   )

(3) You had better be late. (너는 늦지 않는 게 좋을 거야.)

(   ) → (   )

3. (   ) 안의 말을 활용하여 바르게 영작하시오.

(1) 잠깐 얘기 좀 할까요? (can, talk to, second)

→ _____ ?

(2) 나는 자전거를 탈 수 있어요. (capable, ride a bike)

→ _____ .

(3) 나는 한국의 교육에 대해 말하고 싶어요. (talk, Korean education)

→ _____ .

The past can hurt, but you can
either run from it or learn from it.
과거는 아플 수 있어, 하지만 너는 그 과거로부터
도망칠 수도 있고, 배울 수도 있어.
- 'Lion King' 중에서

09 너의 힘은 비밀이야!

▶ TODAY'S DIALOGUE

Scene 1

Ms. Chunk : No, you can't / say anything.
아니, 너는 ~해서는 안된다. / 어떤 것도 말하는 것을
If you use your superpower / next time, / you will be grounded.
만약 슈퍼파워를 이용한다면, / 다음에도 / 혼날 줄 알아.
Don't (   ) / that you shouldn't (   ) / your power to people!
잊지 말아라. / 이 사실을 / 너는 보여주면 안 된다는 것을 / 너의 힘을 사람들에게

Scene 2

Chunky : Uh, mom, (   ) down.
/ 아, 엄마, 진정하세요.
Don't be (   ) / and be (   ).
화내지 마세요. / 그리고 조심하세요.
(   ) comes the bus.
버스가 옵니다.

Ms. Chunk : Oh! / Let's (   ) the bus, / kids.
/ Ready?
오! / 버스에 타자, / 애들아. / 준비됐지?

Scene 3

Ms. Chunk :
(   ) this bus (   ) / to V-mart?
이 버스는 가나요? / V-마트로

Bus Driver :
Sure, ma'am. / (   ) the bus.
물론이지요, 부인 / 버스에 타세요.

▶Words & Phrases 빈칸에 한글 뜻과 영어 단어 및 숙어를 적어봅시다.

√	English	Korean
√	ground	나가 놀지[외출하지] 못하게 하다
	forget	
	here comes~	
	get on	
	use	
	let's~	
	pull over	
	curb	
	careful	
	angry	
	calm down	

√	Korean	English
√	~ 하자	let's~
	~가 온다.	
	나가 놀지[외출하지] 못하게 하다	
	타다	
	연석 *차도와 인도를 구분하는 돌	
	진정하다	
	잊다	
	길 한쪽으로 차를 대다	
	사용하다	
	화가 난	
	조심하는	

▶Check It Out! 빈칸에 들어갈 알맞은 단어를 선택해주세요.

l. You pay the fare when you _____ the bus.

　① curb 　　② come 　　③ forget 　　④ get on

2. You have to _____ the past and start living in the present.

　① use 　　② come 　　③ forget 　　④ get on

*pull over 길 한쪽에 차를 대다
3. Pull over to the curb. Here _____ an ambulance.

　① uses 　　② comes 　　③ forgets 　　④ gets on

▶ PRACTICE MORE!

I. 다음 [　　] 안에서 알맞은 것을 골라 동그라미 하시오.

  (1) Don't [forget / to forget] that there is a bakery.

  (2) Be careful. [Here / There] comes the train.

  (3) Does this bus go [to / for] M building?

2. 괄호 안의 한글 해석을 참고하여 <u>틀린</u> 부분을 찾아 바르게 고치시오.

  (1) When you use your superpower next time, you will be grounded.

  만약 다음에도 슈퍼파워를 이용한다면, 혼날줄 알아. (외출 금지야!)

  (　　　) → (　　　　)

  (2) Don't be angry and be care.

  화내지 마시구요 그리고 조심하세요.

  (　　　) → (　　　　)

  (3) Get off the bus.

  버스에 타세요.

  (　　　) → (　　　　)

3. (　　) 안의 말을 활용하여 바르게 영작하시오.

  (1) 쪽지시험이 있다는 것을 잊지마. (a pop quiz)

  → _____.

  (2) 조심해! 소 떼들이 오고 있어. (a herd of cattle)

  → _____.

  (3) 이 고속버스가 서울까지 가나요? (this express bus, Seoul)

  → _____.

Learn to relax. Your body is precious, as it
houses your mind and spirit.
휴식하는 법을 배우세요. 당신의 몸은 소중합니다. 왜냐하면 당신의
몸은 마음과 영혼을 담고 있기 때문입니다.
-anonymous

10 버스 안에서

▶ TODAY'S DIALOGUE

Scene 1

Girl: Oh, / I hope / I'll arrive at V-mart soon.
　　　오, / 나는 소망해. / 곧 V-마트에 도착하기를.
I am going to / buy fabulous clothes and high heels!
나는 ~할 것이다. / 멋진 옷과 높은 구두들을 사는 것을
Chunky : I (　　　) (　　　) / to buy some cake.
　　　나는 ~했으면 해. / 케이크를 조금 사는 것을
Um…/ Is there any (　　) cake / at V-mart?/
음… / ~에 있나요? 어떤 맛있는 케이크가 / V-마트에
I hope so.
나는 그러기를 희망해요.

Scene 2

Mr. Bad : Hey, / (　　　) at the girl / in a skirt.
　　　야 , / 저 소녀를 봐 / 스커트를 입은

What is / inside her bag?
무엇이 있을까? / 그녀의 가방 안에

She (　　) (　　) / she has lots of money.
그녀는 ~처럼 보여. / 그녀는 많은 돈을 가진

Scene 3

Mr. Evil : I think so.
　　　그렇게 생각해.

However, / I don't think / it's (　　　　) / to
steal her purse here.
그러나, / 나는 ~라고 생각하지 않아. / 그것이 좋다고
/ 그녀의 지갑을 여기서 훔치는 것이

▶Words & Phrases 빈칸에 한글 뜻과 영어 단어 및 숙어를 적어봅시다.

√	English	Korean
√	fabulous	멋진
	delicious	
	look at	
	inside	
	look like	
	lots of	
	However	
	steal	
	purse	
	avoid	

√	Korean	English
√	지갑	purse
	훔치다	
	그러나	
	많은	
	피하다	
	~처럼 보이다	
	~를 보다	
	멋진	
	맛있는	
	~ 안에	

▶Check It Out! 빈칸에 들어갈 알맞은 단어를 선택해주세요.

1. The library is offering a _____ free gift for each book you buy.

   ① angry ② careful ③ fabulous ④ difficult

   *difficult 어려운

2. You _____ you use your smartphone all the time.

   I think you are addicted to using your smartphone.

   ① steal ② get on ③ look like ④ look at

3. Drink _____ water to avoid becoming dehydrated.

   *dehydrated 탈수가 된

   ① inside ② lots of ③ fabulous ④ delicious

▶ PRACTICE MORE!

1. 다음 [   ] 안에서 알맞은 것을 골라 동그라미 하시오.

(1) I would like [to buy / buying] some cookies.

(2) She [looks / look] like she has finished her homework.

*give up 포기하다

(3) I don't think it's good [to give up / give up] now.

2. 괄호 안의 한글 해석을 참고하여 <u>틀린</u> 부분을 찾아 바르게 고치시오.

(1) I go to buy fabulous clothes and high heels.

나는 멋진 옷과 굽이 높은 구두들을 살 거야. (살 예정이야)

(   ) → (   )

(2) Hey, look at the girl for a skirt.

야, 저 스커트 입은 소녀를 봐.

(   ) → (   )

(3) I don't think it's bad to change your partner.

나는 너의 파트너를 바꾸는 것이 좋다고 생각하지 않아.

(   ) → (   )

3. (   ) 안의 말을 활용하여 바르게 영작하시오.

(1) 나는 비싼 컴퓨터를 살 거야. (expensive)

→ _____.

(2) 그녀는 무언가를 숨기는 것처럼 보인다. (hide, something)

→ _____.

(3) 나는 다른 도시로 이사 가는 것이 좋다고 생각하지 않아. (move, another city)

→ _____.

> Every adventure requires a first step.
> 모든 모험은 첫 발을 내딛는 것이 꼭 필요합니다.
> - Cheshitre cat, Alice in Wonderland

‖ 범죄 현장 목격!

scene 1 미래 계획을 물을 때 쓰는 표현 'What are we going to~?'
scene 2 지금 진행 중인 행동을 나타낼 때 쓰는 표현 'be V_ing'
scene 3 찾고자 하는 대상의 위치를 묻는 표현 'where is~?'

▶ TODAY'S DIALOGUE

Scene 1

Ms. Chunk : We are going / two more stops / and then getting off.
우리는 갈 거야. / 두 정거장 더 / 그리고 내릴 거야.
Sis Chunk : Ah, / I got it. / By the way, / (   ) are we (   ) to buy / in V-mart?
아, / 알겠어요. / 그런데, / 우리는 무엇을 살 것인가요? / V-마트에서
Ms. Chunk ; Just some groceries. And we will have something delicious.
단지 몇몇 식료품들만. / 그리고 우리는 맛있는 것을 먹을 거야.

Scene 2

Mr. Evil : Hey, / would you like some flowers?
　　　　　여기 보세요. / 꽃 좀 사시겠어요?
Girl : No, / I don't want any. / Go away, / please.
　　　아뇨, / 저는 원하지 않아요. / 저리로 가주세요, / 제발
Chunky : Whoops! / He (   ) (   ) / her purse.
　　　　　아이고! / 그는 훔치고 있어요. / 그녀의 지갑을

Scene 3

Girl : Oh, my (   )! / (   ) is / my purse?
　　　오, 이런! / 어디에 있죠 / 나의 지갑이
My purse is gone.
나의 지갑이 사라졌어요.
I have no (   ) / how to find it!
그리고 나는 모르겠어요! / 어떻게 그것을 찾을지

▶Words & Phrases 빈칸에 한글 뜻과 영어 단어 및 숙어를 적어봅시다.

√	English	Korean
√	get off	내리다, 떠나다
	by the way	
	grocery	
	delicious	
	something	
	learn	
	steal	
	purse	
	excuse me	
	humid	
	however	
	therefore	
	stop	

√	Korean	English
√	어떤 것	something
	실례합니다.	
	내리다, 떠나다	
	지갑	
	그런데 (화세를 바꿀 때)	
	훔치다	
	습한	
	식료품	
	배우다	
	맛있는	
	그러므로	
	그러나	
	(n) 정거장	

▶Check It Out! 빈칸에 들어갈 알맞은 단어를 선택해주세요.

1. A: It's too hot and humid.

   B: I think this summer is as hot as last summer.

   _____, what time is it?

   ① And   ② However   ③ Therefore   ④ By the way

2. The restaurant serves _____ pasta with meatballs.

   ① angry   ② easy   ③ delicious   ④ difficult

3. What stop do we get _____ at?

   ① into   ② off   ③ from   ④ for

   * get into ~에 처하다, 당하다

▶ PRACTICE MORE!

1. 다음 [   ] 안에서 알맞은 것을 골라 동그라미 하시오.
   (1) What are we going [to buy / buying] in V-mart?
   (2) He is [to steal / stealing] her purse.
   (3) [Where / when] is my purse?

2. 괄호 안의 한글 해석을 참고하여 **틀린** 부분을 찾아 바르게 고치시오.
   (1) We are going two more stops and then get off.
      우리는 두 정거장 더 간 뒤 내릴 거야.
      (   ) → (   )
   (2) He is dance with her.
      그는 그녀와 춤을 추는 중이다.
      (   ) → (   )
   (3) I have no idea what to find my purse!
      나는 내 지갑을 어떻게 찾아야 하는지 모르겠어요!
      (   ) → (   )

3. (   ) 안의 말을 활용하여 바르게 영작하시오.
   (1) 우리는 학교에서 무엇을 배울 예정인가요? (learn, school)
      → _____?
   (2) 그는 그의 손을 씻는 중이다. (wash one's hands)
      → _____.
   (3) 제 자리는 어디에 있나요? (where, seat)
      → _____?

> Successful people are not gifted; they just
> work hard, then succeed on purpose.
> 성공한 사람들은 재능이 있는 것이 아닙니다.
> 그들은 단지 의도적으로 열심히 노력해서 성공합니다.
> – G.K. Nielson

UNIT

12 도와 주세요!

scene 1 특정 행동을 할 수 있는 누군가를 찾을 때 쓰는 표현 'Can anyone~?'
scene 2 예의 바르게 부탁하고 싶을 때 쓰는 표현 'Could you~?'
scene 3 확신하는 바를 말할 때 쓰는 표현 'I'm sure that~'

▶ TODAY'S DIALOGUE

Scene 1

Girl : My wallet is (　　) / and I have no idea
　　　/ how to find it!
　　　나의 지갑이 없어 졌어요 / 그리고 나는 모르겠어요
　　　/ 어떻게 그것을 찾는지
　　　(　　) anyone / (　　) me?
　　　아무도 없나요 / 저를 도와주실
　　　/ My wallet was (　　).
　　　/ 저의 지갑이 도난당했어요.

Scene 2

Girl : I(　　)/ someone in the bus / stole my purse.
　　　나는 확실해요 / 버스에 있는 누군가가 / 나의 지갑을 훔친것을
　　　(　　) you / (　　) (　　) the police office?
　　　~해 주실수 있나요 / 경찰서로 가주실
Driver : Really? / All right./
　　　정말이요? / 알겠습니다.
　　　(　　)/ go to the police office / quickly.
　　　~합시다. / 경찰서로 갑시다. / 지금 바로

Scene 3

Chunky : Mom, / I know the guys / that (　　) her purse.
　　　엄마, / 저는 그 사람들을 알아요 / 그녀의 지갑을 훔친
Ms. Chunk : What do you mean?
　　　무슨 뜻이니?
Chunky : I definitely saw / the crime scene.
　　　나는 틀림없이 보았어요. / 범죄의 현장을
　　　I 'm (　　) / that they stole the purse.
　　　나는 확신해요 / 그들이 지갑을 훔친 것을

▶Words & Phrases 빈칸에 한글 뜻과 영어 단어 및 숙어를 적어봅시다.

√	English	Korean
√	pulse	지갑
	idea	
	find	
	help	
	believe	
	police office	
	quickly	
	definitely	
	crime scene	
	sure	

√	Korean	English
√	확신하는	sure
	범죄 장면	
	틀림없이, 당연히	
	빠르게	
	경찰서	
	~을 믿다	
	~를 돕다	
	~을 찾다	
	생각, 아이디어	
	지갑	

▶Check It Out! 빈칸에 들어갈 알맞은 단어를 선택해주세요.

1. The attacker was caught at the _____.
   *attacker 공격 또는 폭행을 한 사람
   ① idea   ② pulse   ③ help   ④ crime scene

2. I'm _____ you'll get there in the end.
   ① sure   ② quick   ③ definite   ④ helpful

3. It sounds like a great _____. Go for it!
   ① idea   ② help   ③ pulse   ④ crime scene

I. 다음 [   ] 안에서 알맞은 것을 골라 동그라미 하시오.

(1) Can anyone [helps / help] me?

(2) Could you [go / went] to the police office?

(3) I [sure / am sure] that they stole the purse.

2. 괄호 안의 한글 해석을 참고하여 **틀린** 부분을 찾아 바르게 고치시오.

(1) My purse was stole.

저의 지갑이 도난당했어요.

(   ) → (   )

(2) Let's goes to the police office quickly.

지금 바로 경찰서로 갑시다.

(   ) → (   )

(3) I definite saw the crime scene.

나는 범죄의 현장을 틀림없이 보았어요.

(   ) → (   )

3. (   ) 안의 말을 활용하여 바르게 영작하시오.

(1) 이의제기 할 사람이 있나요? (file a complaint)

→ _____.

(2) 소방서로 가실 수 있나요? (fire station)

→ _____.

(3) 나는 내 남동생이 과자를 다 먹었을 거라고 확신해요. (eat all chips)

→ _____.

If you walk the footsteps of a stranger,
you'll learn things you never knew.
낯선 발자국을 따라 걷다보면 당신이 전혀
몰랐던 것들을 배우게 될거에요.
- Pocahontas, Disney

UNIT

13 경찰서에서 생긴 일

scene 1 의무나 당위를 나타내고 싶을 때 사용하는 표현 'must'

scene 2 특정 장소에서 어떤 감정을 느끼는지 나타낼 때 쓰는 표현 'feel + 형용사 in 장소'

scene 3 과거 사실에 대한 후회나 유감을 나타낼 때 쓰는 표현 'should have p.p.'

▶ TODAY'S DIALOGUE

Scene 1

Police Officer : You must / (   ) (   ) (   ).
너는 해야만 해 / 줄서는 것을
Hey there, / (   ) (   )
your belongings.
어이 거기, / 소지품을 꺼내.

Scene 2

Mr. Bad : Oh, / we're in   / big trouble.
오, / 우리는 놓여있어. / 큰 문제에

Mr. Evil : I (   ) / (   ) / in the police office.
나는 느껴. / 불안하게 / 경찰서에서

Scene 3

Ms. Chunk : Oh, no, / we're going to / be late!
오, 이런, / 우리는 할 거야. / 늦을
I (   ) (   ) / (   ) to V-mart / by now.
나는 했어야만 했어. / V-마트로 가는 것을 / 지금쯤은

▶Words & Phrases 빈칸에 한글 뜻과 영어 단어 및 숙어를 적어봅시다.

√	English	Korean
√	stand in line	일렬로 서다.
	take out	
	belonging	
	be in trouble	
	nervous	
	feel + 형용사	
	late	

√	Korean	English
√	~한 기분이다	feel + 형용사
	긴장된	
	일렬로 서다	
	소지품	
	큰일 나다	
	늦은	
	꺼내다, 버리다	

▶Check It Out! 빈칸에 들어갈 알맞은 단어를 선택해주세요.

I. A: I feel really _____ before the interview.

B: Then, how about breathing deeply to reduce the tension?

그렇다면 긴장을 완화하기 위해 숨을 깊게 들이 마셔보는 것은 어때?

① late   ② angry   ③ careful   ④ nervous

2. If they don't solve the problem right now, they will be in big _____.

① line   ② purse   ③ trouble   ④ belonging

3. Please _____ out any pencils to take note.

① take   ② feel   ③ stand   ④ have

▶ PRACTICE MORE!

1. 다음 [   ] 안에서 알맞은 것을 골라 동그라미 하시오.

   (1) You must [stand / stands] in line.

   (2) I feel [nervous / nervousness] in a police station.

   (3) I should [go / have gone] to V-mart by now.

나는 했어야만 했어. / V-마트로 가는 것을 / 지금쯤은

2. 괄호 안의 한글 해석을 참고하여 틀린 부분을 찾아 바르게 고치시오.

   (1) Hey there, took out your belongings!

   어이 거기, 소지품 꺼내!

   (   ) → (   )

   (2) We're out big trouble.

   우리는 큰 문제에 놓여있어.

   (   ) → (   )

   (3) We are go to be late!

   우리는 늦을 거야!

   (   ) → (   )

3. (   ) 안의 말을 활용하여 바르게 영작하시오.

   (1) 11시야. 너는 일찍 들어가서 자야 해. (go to bed, early)

   → It's 11 o' clock. _____.

   (2) 나는 귀신의 집에서 무서운 감정을 느껴. (scared, haunted house)

   → _____.

   (3) 나는 지금쯤 그 역에 도착했었어야 했어. (arrive, that station)

   → _____ by now.

Conquer your bad habits or they will conquer you.
나쁜 습관을 타파하세요. 그렇지 않으면 당신을 옭아맬 겁니다.
Rob Gilbert

14 범인을 찾아라!

scene 1 사람을 더 자세하게 묘사할 때 쓰는 표현 'I saw the person who 동사'
scene 2 상대방 행동의 의도에 대해 의문점을 품었을 때 사용할 수 있는 표현 'How could you~?'
scene 3 무엇을 이해하고 확신하는지를 나타낼 때 쓰는 표현 'I understand~'

▶ TODAY'S DIALOGUE

Scene 1

Chunky : I (   ) the person / (   ) stole the purse.
　　　　　내가 그 사람을 봤어요. /　　 지갑을 훔치던

Scene 2

Mr. Bad : What?　뭐?
　　　　　　(   ) could you / (   ) that?
　　　　　　너는 어떻게 할 수 있니? / 그렇게 말하는 것을
Police Officer : All right, / boy, / do you have
　　　　　　/ any (   ) ?
　　　　　　그래, / 애야, / 너는 가지고 있니 / 정보를

Mr. Bad : (Mr. Bad intervened) (Mr. Bad가 끼어들며)
　　　　　No, / I don't have / anything!
　　　　　아뇨, / 나는 가진 것이 없어요! / 아무 것도

Scene 3

Police Officer : Now, I (   ) / you're the (   ).
　　　　　　이제, 나는 알겠구나. / 네가 도둑이란 것을
　　　　　　Take him away!
　　　　　　그를 체포해!

▶Words & Phrases 빈칸에 한글 뜻과 영어 단어 및 숙어를 적어봅시다.

√	English	Korean
√	person	사람
	information	
	understand	
	thief	
	take away	
	chase	
	local dialect	

√	Korean	English
√	지역 방언 (사투리)	local dialect
	정보	
	이해하다	
	도둑	
	쫓다	
	사람	
	체포하다, 치우다	

▶Check It Out! 빈칸에 들어갈 알맞은 단어를 선택해주세요.

1. I saw the police officer chasing the _____ stealing goods in the museum. *steal goods 물건을 훔치다

   ① thief   ② idea   ③ mistake   ④ information

2. It was difficult to _____ the local dialect.

   ① take   ② chase   ③ commit   ④ understand

3.

   # Happy ZOO

   If you are looking for an exciting adventure on Sunday,
   come visit the happy Zoo.
   You can see incredible exhibits, including animals of Africa.
   Here, you can get a close look at elephants, penguins, and so on.
   To get more _____, please visit our website.

   ① thief   ② love   ③ bird   ④ information

▶ PRACTICE MORE!

1. 다음 [   ] 안에서 알맞은 것을 골라 동그라미 하시오.

   (1) I saw the person [who stole the purse / stole the purse].

   (2) How could [say you / you say] that?

   (3) Now, I [understand / to understand] you're the thief.

2. 괄호 안의 한글 해석을 참고하여 **틀린** 부분을 찾아 바르게 고치시오.

   (1) I saw the person which sang a song.

   나는 노래를 불렀던 사람을 보았어.

   (   ) → (   )

   (2) Do you have any informations?

   너는 정보를 가지고 있니?

   (   ) → (   )

   (3) Take away him!

   그를 체포해!

   (   ) → (   )

3. (   ) 안의 말을 활용하여 바르게 영작하시오.

   (1) 나는 친구와 싸우는 사람을 보았어. (fight with, a friend)

   → _____.

   (2) 너는 어떻게 그렇게 행동할 수 있니? (behave like that)

   → _____.

   (3) 나는 이제 당신이 유명한 작가라는 것을 알아요. (a famous author)

   → _____.

The things that make me different are
the things that make me.
나를 남들과 다르게 만드는 것들이
나를 가치있게 만드는 거야.
Piglet (Winnie the Pooh)

U N I T
15 범인 체포 성공!

scene 1 걱정스러움을 나타낼 때 사용할 수 있는 표현 'I am worried that~.'
scene 2 단어의 철자 모를 때 사용할 수 있는 표현 'How do you spell~?'
scene 3 무언가를 확인하고 싶을 때 사용할 수 있는 표현 'Can I check~?'

▶ TODAY'S DIALOGUE

Scene 1

I am worried that Chunky might be in trouble.

Mr. Bad & Mr. Evil :
Oh, my god. / We are not finished.
오, 이런, / 우리는 끝나지 않았어.

Ms. Chunk :
I am (   ) / that Chunky / might be in (   ).
나는 걱정이야. / 청키가 / 위험에 처할지도 모르는 것이

Scene 2

How do you spell your name?

Police Officer : No problem. /
문제없어요. /
We can (   ) / your son.
우리는 보호할 수 있어요. / 당신의 아들을
(   ) do you (   ) / your (   )?
철자를 어떻게 쓰나요? / 당신의 이름을

Scene 3

Can I check your ID card?

Police Officer : (   ) I (   ) / your ID card?
                제가 확인할 수 있을까요? / 당신의 신분증을
Ms. Chunk : Oops. / I guess / I left / my ID card
            behind.
            저런 / 저는 짐작해요. / 제가 떠났다는 것을 /
            제 신분증을 남겨두고
            Can you call / my husband / and
            check / my personal information?
            당신은 전화할 수 있나요? / 제 남편에게 /
            그리고 확인할 수 있나요? / 제 개인정보를

▶Words & Phrases 빈칸에 한글 뜻과 영어 단어 및 숙어를 적어봅시다.

√	English	Korean
√	finish	끝내다
	worry	
	no problem	
	protect	
	spell	
	check	
	guess	
	leave~behind	
	personal	
	frontal	
	impact	

√	Korean	English
√	문제가 안된다	no problem
	보호하다	
	점검하다	
	추측하다	
	끝내다	
	~를 놓은 채 잊고오다.	
	걱정하다, 걱정시키다	
	충돌, 충격	
	정면의	
	개인적인, 사적인	
	철자를 말하다	

▶Check It Out! 빈칸에 들어갈 알맞은 단어를 선택해주세요.

1. He was sick, so we had to _____ him behind.

① spell   ② leave   ③ finish   ④ guess

*frontal impact 정면의 충격

2. Airbags _____ the driver in the event of a frontal impact.

① spell   ② worry   ③ avoid   ④ protect

3. A: I lost your camera. I am really sorry.

   B: No _____. That was a disposable camera.

* disposable camera 일회용 카메라

① thanks   ② problem   ③ information   ④ impact

▶ PRACTICE MORE!

I. 다음 [   ] 안에서 알맞은 것을 골라 동그라미 하시오.

(I) I am [worry / worried] that Amy might be in trouble.

(2) [What / How] do you spell your name?

(3) Can [I check / check I] your ID card?

2. 괄호 안의 한글 해석을 참고하여 **틀린** 부분을 찾아 바르게 고치시오.

(I) I am worried that my sister might is late.

나는 내 여동생이 늦을지도 모르는 것이 걱정이야.

(   ) → (   )

(2) How do you spelling this word in English?

이 단어를 영어로 철자를 어떻게 쓰나요?

(   ) → (   )

(3) I guess I left behind my ID card.

저는 제 신분증을 놓고 온 것 같다고 추측해요.

(   ) → (   )

3. (   ) 안의 말을 활용하여 바르게 영작하시오.

(I) 나는 내가 실수할까봐 걱정이야. (make a mistake)

→ _____.

(2) 이 단어를 한국어로 어떻게 쓰나요? (this word, in Korean)

→ _____.

(3) 당신의 스케줄을 제가 확인할 수 있을까요? (schedule)

→ _____.

> Kind words can be short and easy to speak,
> but their echoes are truly endless.
> 친절한 말을 하는 것은 간단하고 쉽지만
> 그 말의 울림은 정말 끝이 없다.
> -Mother Teresa

UNIT

16 경찰서에서 걸려온 전화

scene 1 전화통화를 시작할 때 쓰는 표현 'This is 이름. May I speak to~?'
scene 2 안심했을 때 쓰는 표현 'I am relieved to~.'
scene 3 무엇인가를 말해달라고 요청할 때 쓰는 표현 'Can you say~?'

▶ TODAY'S DIALOGUE

Scene 1

Police Officer : Hello? / (　　) (　　) a police officer.
　　　　　　　　여보세요? / 저는 경찰인데요.
　　　　　　　　(　　) I (　　) (　　) / Mr. Chunk?
　　　　　　　　통화할 수 있나요? / 청크씨와
Mr. Chunk : This is Mr. Chunk speaking.
　　　　　　제가 Mr. Chunk인데 말씀하세요.
　　　　　　Is there a problem with / my children?
　　　　　　어떤 문제라도 있나요? / 제 아이들에게

Scene 2

Police Officer : No, / I just want / to check something.
　　　　　　　　아뇨. / 저는 단지 원해요. / 무엇인가를 확인하는 것을.
　　　　　　　　Nothing serious.
　　　　　　　　심각하지 않은
Mr. Chunk : Whew, / I am (　　　) / to (　　　) that.
　　　　　　휴,　 / 저는 안심이 되요. / 그것을 들으니

Scene 3

Police Officer : Your daughter, son and wife /
　　　　　　　　helped　 / to catch some thieves.
　　　　　　　　당신의 딸, 아들 그리고 아내가 /
　　　　　　　　도왔어요.　 / 도둑을 잡는 것을
Mr. Chunk : What? / (　　) you (　　) / that / again?
　　　　　　뭐라고요? / 말할 수 있나요? / 그것을 / 다시

▶Words & Phrases 빈칸에 한글 뜻과 영어 단어 및 숙어를 적어봅시다.

√	English	Korean
√	police officer	경찰관
	children	
	nothing	
	serious	
	relieved	
	daughter	
	son	
	wife	
	catch	
	again	
	handsome	
	valuable	

√	Korean	English
√	멋있는	handsome
	심각한	
	다시	
	아이들	
	잡다	
	아무것도	
	아내	
	안도하는	
	소중한, 값비싼	
	아들	
	경찰관	
	딸	

▶Check It Out! 빈칸에 들어갈 알맞은 단어를 선택해주세요.

1. A : I was _____ that the accident was not very serious.
   저는 그 사고가 그렇게 심각하지 않아 안심이 됐어요.

   B : That calms me down, too. I heard he hurted only his leg a bit.

   ① sad   ② angry   ③ relieved   ④ careful

2. Luckily, _____ valuable was stolen.

   ① something   ② nothing   ③ daughter   ④ children

3. I had to run to _____ the last train.

   ① catch   ② leave   ③ protect   ④ offer

▶ PRACTICE MORE!

1. 다음 [   ] 안에서 알맞은 것을 골라 동그라미 하시오.

(1) May I speak [Mr. Chunk / to Mr. Chunk]?

(2) I am [relieve / relieved] to hear that.

(3) Can you [say / tell] that again?

2. 괄호 안의 한글 해석을 참고하여 **틀린** 부분을 찾아 바르게 고치시오.

(1) This is Mr. Chunk speak.

제가 청크 아빠인데 말씀하세요.

(   ) → (   )

(2) Serious nothing.

심각하지 않은 것.

(   ) → (   )

(3) Brave boys helped catching some thieves.

용감한 소년들이 도둑 잡는 것을 도왔어요.

(   ) → (   )

3. (   ) 안의 말을 활용하여 바르게 영작하시오.

(1) 당신의 매니저와 통화할 수 있나요? (speak to, manager)

→ _____?

(2) 저는 어제 숙제를 끝내서 안심이 돼요. (relieved / finish / homework)

→ _____.

(3) 그것을 다시 반복해 주실 수 있나요? (say / again)

→ _____, please?

Life is like riding a bicycle. To keep your
balance, you must keep moving.
인생은 자전거를 타는 것과 같습니다. 균형을 유지하려면
계속해서 페달을 밟아야 합니다.
-Albert Einstein

17 Chunky가 태어나던 날

scene 1 외모적 특징을 설명하는 표현 'have(has)'
scene 2 과거에 행복했던 순간을 나타내는 표현 'I was so happy when~'
scene 3 상대방이 무언가 할 수 있다는 것을 이미 알고 있었다고 말할 때 쓰는 표현
　　　　'I knew that you could~'

▶ TODAY'S DIALOGUE

Scene 1

Police Officer : What does she look like?
　　　　　　　　그녀는 어떻게 생겼어요?
　　　　　　　Can you tell me / about it / in detail?
　　　　말씀해주시겠어요? / 그것에 대해서 / 자세하게
Mr. Chunk : My wife ( ) / curly hair and
　　　　　　　나의 아내는 가졌어요. / 곱슬머리를 / 그리고
　　　　　　　my daughter / (　　) braids.
　　　　　　　나의 딸은 가졌어요. / 땋은 머리를.
Police Officer : Thank you / for your cooperation.
　　　　　　　　감사합니다. / 당신의 협조에

Scene 2 (과거 회상 장면)

Mr. Chunk : Yeah, I also got a phone call
　　　　　　네, / 나는 또 받았어요. / 전화 한 통을 /
　　　　　　from the police / at that time.
　　　　　경찰로부터 / 그때
　　　　　　I was so happy / (　　) my son was born.
　　　　　나는 매우 행복했어요. / 내 아들이 태어났을 때

Scene 3

Mr. Chunk : I (　　) / that you could / (　　) (　　).
　　　　　　나는 알았어. / 당신이 ~할 수 있었다는 / 해낼 수
　　　　　Thank you / for being healthy, / honey.
　　　　　고마워요. / 　　건강해줘서　　 / 여보
Ms. Chunk : Thank you, too.
　　　　　　고마워요, / 나도.

▶Words & Phrases 빈칸에 한글 뜻과 영어 단어 및 숙어를 적어봅시다.

√	English	Korean
√	in detail	자세히, 상세히
	curly	
	daughter	
	braids	
	cooperation	
	born	
	when	
	make it	

√	Korean	English
√	태어난	born
	잘 해내다	
	곱슬머리의, 꼬불꼬불한	
	땋은 머리	
	~할 때, 언제	
	협조, 협력	
	자세히, 상세히	
	딸	

▶Check It Out! 빈칸에 들어갈 가장 적절한 표현을 골라봅시다.

1. My mom is the _____ of my grandparents.

　① daughter　② son　　　③ cooperation　④ braids

2. In sports, _____ among players is very important.

　① born　　　② braids　　③ cooperation　④ in detail

3. The instruction for this washing machine is too short. Could you explain how to use it _____?

　① when　　　② cooperation　③ make it　　④ in detail

4. I was surprised _____ he appeared in funny clothes.

　① in　　　　② at　　　　③ what　　　④ when

▶ PRACTICE MORE!

Ⅰ. 다음 [　　] 안에서 알맞은 것을 골라 동그라미 하시오.

(1) My wife [have / has] curly hair.

(2) I was so happy [when / time] my son was born.

(3) I [knew / knows] you could make it.

2. 괄호 안의 한글 해석을 참고하여 <u>틀린</u> 부분을 찾아 바르게 고치시오.

(1) What does she see like? (그녀는 어떻게 생겼어요?)

(　　　) → (　　　)

(2) I gave a phone call from the police. (경찰서에서 전화 한 통을 받았어요.)

(　　　) → (　　　)

(3) Thank you of your cooperation. (협조해 주셔서 감사해요.)

(　　　) → (　　　)

3. (　　) 안의 말을 활용하여 바르게 영작하시오.

(1) 그것에 대해 자세하게 말해주시겠어요? (tell, about, detail)

→ ＿＿＿＿＿＿＿＿＿＿＿＿＿＿＿＿＿＿＿＿?

(2) 내 딸이 태어났을 때 나의 가족은 매우 행복했어요. (when, born)

→ ＿＿＿＿＿＿＿＿＿＿＿＿＿＿＿＿＿＿＿.

(3) 내 아내는 생머리(직모)를 가지고 있어요. (wife, straight)

→ ＿＿＿＿＿＿＿＿＿＿＿＿＿＿＿＿＿＿＿.

Love is or it ain't.
Thin love ain't love at all.
사랑은 존재하거나 존재하지 않는다.
가벼운 사랑은 아예 사랑이 아니다.
- Toni Morrison

18 초능력을 가지고 태어난 아이

scene 1 무엇인가를 믿을 수 없다고 말할 때 쓰는 표현 'I can't believe what~'
scene 2 상대방이 처한 상황에 관심을 가지며 쓸 수 있는 표현 'Are you~? Do you need~?'
scene 3 무엇인가를 말해달라고 요청하는 표현 'Can you tell me~?'

▶ TODAY'S DIALOGUE

Scene 1

Mr. Chunk: What happened?
　　　　　 무슨 일이예요?
　　　　　 I can't (　　　) / what I saw.
　　　　　 나는 믿을 수 없어요. / 내가 본 것을
Ms. Chunk: Oh, / he seems to / have superpower /
　　　　　 오, / 그 애는 ~처럼 보여요! / 슈퍼파워를 가지다/
　　　　　 like us!
　　　　　 우리처럼

Scene 2

Police Officer: *(check the wall)* Are you ok?
　　　　　　　 (벽을 확인하고)　괜찮아요?
　　　　　　　 Do you (　　　) / some help?
　　　　　　　 당신은 필요한가요? / 도움이
Mr. Chunk: No, / nobody got hurt.
　　　　　 아뇨, / 아무도 다치지 않았어요.
　　　　　 Thanks, / sir.
　　　　　 감사해요, / 경찰관님

Scene 3

Police Officer: Can you tell me / what (　　　　　)?
　　　　　　　 말해 줄 수 있나요? / 무슨 일이 일어났는지를
Mr. Chunk: Sir, / we don't understand, / either.
　　　　　 경찰관님, / 우리도 알 수가 없어요. / 또한

▶Words & Phrases 빈칸에 한글 뜻과 영어 단어 및 숙어를 적어봅시다.

√	English	Korean
√	happen	일어나다, 발생하다
	believe	
	seem to V	
	need	
	hurt	
	understand	
	nobody	

√	Korean	English
√	아프다, 아프게 하다, 다친	hurt
	이해하다	
	~인 것 같다	
	아무도 ~하지 않다	
	일어나다, 발생하다	
	믿다	
	필요하다	

▶Check It Out! 빈칸에 들어갈 가장 적절한 표현을 <보기>에서 골라 써봅시다.

< 보 기 >

| happened | need | hurt |
| believe | seems to | understands |

1. Nothing _____. 아무 일도 일어나지 않았다.

2. _____ it or not   믿거나 말거나

3. I _____ glasses when I drive. 난 운전할 때 안경이 필요하다.

4. My daughter _____ like a boy in her class.
   내 딸이 같은 반에 있는 한 소년을 좋아하는 것 같다.

5. I don't want to _____ your feelings.
   전 당신의 감정을 상하게 하고 싶지 않아요.

6. Nobody _____ me. 아무도 날 이해하지 못한다.

▶ PRACTICE MORE!

1. 다음 [   ] 안에서 알맞은 것을 골라 동그라미 하시오.

   (1) I can't believe [what / that] I saw.

   (2) [Are / Do] you okay? Do you need some help?

   (3) Can you tell me what [happening / happened]?

2. 괄호 안의 한글 해석을 참고하여 **틀린** 부분을 찾아 바르게 고치시오.

   (1) What is happened? (무슨 일이에요?)

       (   ) → (   )

   (2) He seems have superpower. (그는 슈퍼파워를 가진 것 같아요.)

       (   ) → (   )

   (3) Nobody got hurting. (아무도 다치지 않았어요.)

       (   ) → (   )

3. (   ) 안의 말을 활용하여 바르게 영작하시오.

   (1) 네가 나에게 한 짓을 믿을 수가 없다. (believe, what, did)

   → _____.

   (2) 아프세요? 약이 필요한가요? (sick, medicine)

   → _____?

   (3) 당신이 내일 언제 떠날지 말해 줄 수 있나요? (tell, when, leave)

   → _____?

Sometimes it takes a good fall to know
where you really stand.
실패를 해봐야 나 자신을 알게 된다.
- Hayley Williams

UNIT

19 일하기 힘든 날!

scene 1 두 개의 대상을 비교하는 표현 '비교급(-er) + than~'

scene 2 자신의 의견을 나타내는 표현 'I think~'

scene 3 무엇인가를 알고 있는지 물어보는 표현 'Do you know~?'

▶ TODAY'S DIALOGUE

Scene 1

Mr. Scrooge : What are you doing, / Mr. Chunk?
무엇을 하고 있나요? / 청크 씨?
How's / your report going?
어떻게 되어가나요? / 당신의 보고서가
Mr. Chunk : Oh, / I've done / just half of it.
오, / 나는 마쳤어요. / 단지 그것이 반을
Mr. Scrooge : Mr. Kind is (   ) / (   ) you.
Kind 씨가 더 빨라요. / 당신보다

Scene 2

Mr. Scrooge : He is never late / to hand in /
그는 결코 늦지 않아요. / 제출하는 데 있어서 /
important papers.
중요한 서류를
Mr. Chunk : Whew, / right.
휴, / 맞아요.
(   ) (   ) / he is much better / than me.
나는 생각해요. / 그가 훨씬 더 낫다고 / 나보다

Scene 3

Mr. Scrooge : Are you listening to me?
내 말 듣고 있어요?
Do (   ) (   ) / what I mean?
당신은 알고 있나요? / 내가 의미하는 것을

▶Words & Phrases 빈칸에 한글 뜻과 영어 단어 및 숙어를 적어봅시다.

√	English	Korean
√	report	보고서, 보고, 보도 / 보고하다
	I've done.	
	half	
	hand in	
	important	
	papers	
	mean	

√	Korean	English
√	제출하다	hand in
	완료했어요. 마쳤어요.	
	의미하다	
	중요한	
	서류, 문서	
	보고서, 보고, 보도 / 보고하다	
	절반	

▶Check It Out! 빈칸에 들어갈 가장 적절한 단어를 골라봅시다.

1. The scientist wrote a _____ on the global warming.

① mean   ② report   ③ half   ④ hand in

2. Mom : Honey, are you still playing computer games? What about your homework?

    Son : I've _____ with my homework.

    Mom : Oh, you have already finished your homework! Good job.

① been   ② up   ③ down   ④ done

3. You should _____ your papers by this Friday. I will not accept any papers after the deadline. *deadline : 마감일

① hand in   ② mean   ③ important   ④ half

4. Using fire is a(n) _____ skill for human to survive.

① much   ② never   ③ late   ④ important

▶ PRACTICE MORE!

1. 다음 [   ] 안에서 알맞은 것을 골라 동그라미 하시오.

   (1) A tennis ball is [small / smaller] than a soccer ball.

   (2) [I think / I thinks] he is much better than me.

   (3) [Do / Are] you know what I mean?

2. 괄호 안의 한글 해석을 참고하여 <u>틀린</u> 부분을 찾아 바르게 고치시오.

   (1) How's your report go? (당신의 보고서는 어떻게 되어 가고 있나요?)

    (   ) → (   )

   (2) This horse can run fast than that horse. (이 말이 저 말보다 더 빨리 달릴 수 있어요.)

    (   ) → (   )

   (3) Are you listening me? (제 말 듣고 있나요?)

    (   ) → (   )

3. (   ) 안의 말을 활용하여 바르게 영작하시오.

   (1) 수박은 사과보다 크기가 크다. (watermelons, bigger, apples)

   → _____.

   (2) 나는 그가 거짓말쟁이라고 생각한다. (think, liar)

   → _____.

   (3) 야구 경기 규칙을 아나요? (know, baseball, rules)

   → _____?

> Genius is nothing but a great capacity for patience.
> 천재는 거대한 인내일 뿐이다.
> - Buffon

20 청크 아빠가 혼난 날!

scene 1 실망감을 나타내는 표현 'feel disappointed'
scene 2 미안함과 그 이유를 함께 나타내는 표현 'sorry for~'
scene 3 변명하는 표현 'It's not my fault because~'

▶ TODAY'S DIALOGUE

Scene 1

Mr. Chunk : Ah, / boss. / I beg your pardon?
　　　　　　아, / 사장님. / 　뭐라고요?
Mr. Scrooge : Whew, / What were you thinking about?
　　　　　　휴, / 　무엇에 대해 생각하고 있었나요?
　　　　　　I (　　) (　　　　) / in you.
　　　　　　저는 실망입니다. / 당신에게

Scene 2

Mr. Chunk : I'm sorry / for (　　) (　　　).
　　　　　　죄송해요. / 늦어서
　　　　　　I don't want / to make you feel upset.
　　　　　　나는 원하지 않아요. / 당신을 화나게 만드는 것을
　　　　　　However… 하지만…
Mr. Scrooge : However, / however, / however.
　　　　　　You always make / me / furious.
　　　　　　하지만, / 　하지만, / 　하지만.
　　　　　　당신은 항상 만들어요. / 나를 / 화나게
Why? / Why are you always late / and making an excuse?
왜? / 왜 당신은 항상 늦나요? / 그리고 변명을 하나요?

Scene 3

Mr. Chunk : Sorry, / but it's not my
　　　　　　(　　) / (　　　) I was (　　　　).
　　　　　　죄송해요, / 그러나 그것은 내 잘못이 아니에요. /
　　　　　　바빴기 때문이에요.
　　　　　　I got a phone call / from a police officer, /
　　　　　　전화를 한 통 받았어요. / 경찰관에게서 /
　　　　　　and he told me / about my son…
　　　　　　그리고 그가 나에게 말했어요… / 내 아들에 대해서

▶Words & Phrases 빈칸에 한글 뜻과 영어 단어 및 숙어를 적어봅시다.

√	English	Korean
√	I beg your pardon?	뭐라고요?
	disappointed	
	upset	
	however	
	furious	
	always	
	excuse	
	fault	
	because	
	police officer	

√	Korean	English
√	항상	always
	잘못, 과실, 실책	
	분노한, 격노한	
	실망한	
	변명	
	~이기 때문에	
	뒤집어엎다 / 화난, 속상한	
	경찰관	
	뭐라고요?	
	하지만, 그러나	

▶Check It Out! 빈칸에 들어갈 가장 적절한 단어를 <보기>에서 골라 써봅시다.

```
< 보 기 >
always          upset          pardon
fault           beg            excuse
```

1. There's no use getting _____ about it. 그것 때문에 속상해봤자 소용 없어.

2. a lame _____ 궁색한 변명

3. We all have our _____s. 우리는 모두 결점을 가지고 있다.

4. I _____ your _____? 뭐라고요?

5. _____ lock the door when you get inside the house. 집 안에 들어오면 항상 문을 잠가라.

▶ PRACTICE MORE!

1. 다음 [　　] 안에서 알맞은 것을 골라 동그라미 하시오.

  (1) I feel [disappointing / disappointed] in you.

  (2) I'm sorry for [be / being] late.

  (3) It's not my fault [because / because of] I was busy.

2. 괄호 안의 한글 해석을 참고하여 **틀린** 부분을 찾아 바르게 고치시오.

  (1) You always make me furiously. (당신은 항상 나를 화나게 만들어요.)

    (　　　　) → (　　　　)

  (2) I don't want to make you to feel upset. (나는 당신을 화나게 하고 싶지 않아요.)

    (　　　　) → (　　　　)

  (3) What were you think about? (무엇에 대해 생각하고 있었나요?)

    (　　　　) → (　　　　)

3. (　　) 안의 말을 활용하여 바르게 영작하시오.

  (1) 당신에게 실망입니다. (feel, in)

  → _____.

  (2) 늦어서 죄송합니다. (for, late)

  → _____.

  (3) 바빴기 때문에 그것은 제 잘못이 아니에요. (fault, because, busy)

  → _____.

The gratification comes in the doing,
not in the results.
만족은 결과가 아니라 과정에서 온다.
- James Dean

UNIT

21 직장생활은 힘들어!

scene 1 무엇을 하고 싶지 않다는 의미의 표현 'I don't want to~'
scene 2 거절하거나 미안함을 나타낼 때 정중함을 더하는 표현 'I'm afraid~'
scene 3 무엇을 하기 두렵다고 말하는 표현 'I'm scared to~'

▶ TODAY'S DIALOGUE

Scene 1

Mr. Chunk : I'm really sorry / for being late.
정말 죄송해요. / 늦어서
However, / I really had / something important.
하지만, / 나는 정말 있었어요. / 중요한 일이
The important thing was…
그 중요한 일은…
Mr. Scrooge : Well, / no excuses allowed.
글쎄, / 변명을 허락하지 않을 거야.
I (   ) (   ) / (   ) hear you.
나는 원하지 않아. / 네 이야기 듣는 것을

Scene 2

Mr. Scrooge : (   ) (   ) / I must go.
유감이지만 / 난 가야 해.
If you don't finish it, / you have to /
만약 그것을 끝내지 못하면 / 너는 해야만 해. /
work with me tonight.
나와 함께 일을, 오늘밤에
This is your last chance. / Okay?
이것이 너의 마지막 기회야. / 알겠어?
Mr. Chunk : I see, / boss.
알겠어요, / 사장님.

Scene 3

Mr. Chunk :
I'm (   ) / ( ) (   ) / with Mr. Scrooge.
나는 두려워. / 일하는 것이 / Mr. Scrooge와

▶Words & Phrases 빈칸에 한글 뜻과 영어 단어 및 숙어를 적어봅시다.

√	English	Korean
√	however	하지만, 그러나
	important	
	excuse	
	allow	
	finish	
	chance	
	scared	

√	Korean	English
√	변명	excuse
	무서워하는	
	허락하다	
	중요한	
	끝내다	
	하지만, 그러나	
	기회	

▶Check It Out! 빈칸에 들어갈 가장 적절한 단어를 골라봅시다.

1. I will _____ my homework, and then watch TV.

① allow   ② finish   ③ excuse   ④ chance

2. After the car accident, I feel _____ whenever I am in a car.

① excuse   ② however   ③ important   ④ scared

3. The _____ to win a lottery is very low.

① chance   ② allow   ③ excuse   ④ important

4. He is always late for work. This time, I will not listen to his _____.

① however   ② scared   ③ excuse   ④ chance

▶ PRACTICE MORE!

1. 다음 [   ] 안에서 알맞은 것을 골라 동그라미 하시오.

   (1) I don't want to [hear / hearing] you.

   (2) I'm [afraid / scare] I must go.

   (3) I'm [scared / scary] to work with him.

2. 괄호 안의 한글 해석을 참고하여 <u>틀린</u> 부분을 찾아 바르게 고치시오.

   (1) I'm really sorry for late. (늦어서 정말 죄송해요.)

      (   ) → (   )

   (2) If you don't finish it, you can work with me tonight.   (만
      약 그것을 끝내지 못하면, 당신은 오늘 밤 나와 일해야 해.)

      (   ) → (   )

   (3) I had important something. (중요한 일이 있었어요.)

      (   ) → (   )

3. (   ) 안의 말을 활용하여 바르게 영작하시오.

   (1) 나는 저 병원에 가고 싶지 않아. (want, hospital)

      → _____.

   (2) 유감이지만, 전 당신을 도와줄 수 없어요. (afraid, can't)

      → _____.

   (3) 나는 공포영화 보는 것이 두렵다. (scared, horror movies)

      → _____.

Concentration comes out of a combination
of confidence and hunger.
집중력은 자신감과 갈망이 결합하여 생긴다.
- Arnold Palmer

UNIT

22 우울한 하루

scene 1 만족스럽지 않음을 나타내는 표현 'not happy about~'
scene 2 분노와 그 이유를 함께 나타내는 표현 '~ annoy(s) me because~'
scene 3 상대방의 감정 상태의 이유를 물어보는 표현 'What makes you~?'

▶ TODAY'S DIALOGUE

Scene 1

Mr. Chunk :
Whew, / I'm not (   ) / (   ) my terrible job.
휴, / 나는 행복하지 않아요. / 나의 끔찍한 직업에 대해서
My boss always compares / me / with others.
내 상사는 항상 비교해요. / 나를 / 다른 사람과

Scene 2

Mr. Chunk :
Mr. Scrooge (   ) me / (   ) he is not kind.
Mr. Scrooge가 나를 화나게 해요, / 그가 친절하지 않기 때문에
I don't want / to work / with Mr. Scrooge /
나는 원하지 않아요. / 일하는 것을 / Mr. Scrooge와 함께 /
anymore.
더 이상

Scene 3

Mr. Jobs : What's wrong?
　　　　　무슨 일이니?
　　　　　Do you have / any problem?
　　　　　너는 가지고 있니? / 어떤 문제를
Mr. Chunk : Oh, / it's nothing.
　　　　　　오, / 아무 것도 아니야.
Mr. Jobs : Then, / (   ) (   ) you / (   )?
　　　　　그럼, / 무엇이 너를 만드니? / 짜증나도록

▶Words & Phrases 빈칸에 한글 뜻과 영어 단어 및 숙어를 적어봅시다.

√	English	Korean
√	terrible	끔찍한, 소름끼치는
	compare	
	annoy	
	anymore	
	problem	
	irritated	
	boss	
	others	
	wrong	

√	Korean	English
√	비교하다	compare
	상사	
	끔찍한, 소름끼치는	
	짜증이 나는	
	더이상	
	화나게 하다	
	다른 사람들	
	문제	
	잘못된, 틀린	

▶Check It Out! 다음 영영 풀이의 빈칸에 들어갈 단어를 고르시오.

l. If something is _____, it is very bad or its quality is poor.

① anymore   ② terrible   ③ others   ④ compare

2. When you _____ things, you consider them and discover the differences or similarities between them.

*difference : 차이점 *similarity : 유사점

① anymore   ② terrible   ③ irritated   ④ compare

3. If you are _____, you are annoyed or angry.

① anymore   ② terrible   ③ irritated   ④ compare

▶ PRACTICE MORE!

1. 다음 [   ] 안에서 알맞은 것을 골라 동그라미 하시오.

   (1) I'm not happy [about / because] my terrible job.

   (2) He annoys me [because / that] he is not kind.

   (3) What makes you [irritate / irritated]?

2. 괄호 안의 한글 해석을 참고하여 **틀린** 부분을 찾아 바르게 고치시오.

   (1) My boss always compares me for others.

   　　(내 상사는 나를 다른 사람들과 항상 비교해요.)

   　　(　　　) → (　　　　)

   (2) I don't want to working with her anymore.

   　　(저는 더 이상 그녀와 함께 일하고 싶지 않아요.)

   　　(　　　) → (　　　　)

   (3) Are you have any problem? (어떤 문제라도 있나요?)

   　　(　　　) → (　　　　)

3. (   ) 안의 말을 활용하여 바르게 영작하시오.

   (1) 저는 그 시험 결과에 대해 행복하지(만족하지) 않아요. (happy, result)

   → _____.

   (2) 그는 너무 거만해서 저를 화나게 만들어요. (annoys, arrogant)

   → _____.

   (3) 무엇이 당신을 신나게 만드나요? (what, excited)

   → _____?

> Paradise is where I am.
> 내가 있는 곳이 낙원이라.
> - Voltaire

UNIT

23 힘을 주는 하루

scene 1 불만족을 나타내는 표현 'I'm not satisfied with~'
scene 2 실망하지 말라고 위로하는 표현 'Don't be disappointed with/in~'
scene 3 조언하는 표현 'If I were you, I would~'

▶ TODAY'S DIALOGUE

Scene 1

Mr. Chunk :
Mr. Scrooge yelled / at me / again /
Mr. Scrooge가 소리 질렀어. / 나에게 / 또다시 /
because I didn't finish some documents.
내가 서류를 끝내지 못했기 때문에
I know / it's my fault, / but /
나는 알고 있어 / 네 잘못이란 것을 / 아지만, /
I'm not (   ) / (   ) Mr. Scrooge's behavior /
either.
나는 만족하지 않아. / Mr. Scrooge의 행동에 대해서 / 또한

Scene 2

Mr. Jobs : That's too bad.
            그것 참 안됐구나.
Mr. Chunk : I think / I'm a useless person /
            나는 생각해. / 내가 쓸모없는 사람이라고 /
            because he always gets angry / at me.
            그가 항상 화를 내기 때문에 / 나에게
Mr. Jobs : Don't be (   ) / (   ) yourself.
            실망하지 마. / 너 자신에게
            That's not your fault. / Cheer up!
            그것은 네 잘못이 아니야. / 힘내!

Scene 3

Mr. Chunk : Thank you / for your supportive words.
            고마워. / 너의 힘을 주는 말이
Mr. Jobs : You're welcome. 천만에.
    Anyway, / (   ) I were you, / I (   ) go / to the office.
    어쨌든, / 만약 내가 너라면, / 나는 갈 거야. / 사무실로
    If not, / Mr. Scrooge would be angry / at you / again.
    만약 그렇게 안 하면, / Mr. Scrooge가 화를 낼 거야. / 너에게 / 다시

▶Words & Phrases 빈칸에 한글 뜻과 영어 단어 및 숙어를 적어봅시다.

√	English	Korean
√	yell	소리지르다, 고함치다
	document	
	satisfied	
	fault	
	useless	
	person	
	always	
	yourself	
	disappointed	
	cheerful	

√	Korean	English
√	과실, 잘못	fault
	기운찬, 마음을 밝게 하는	
	소리지르다, 고함치다	
	항상	
	서류	
	너 자신	
	사람	
	쓸모 없는	
	실망한	
	만족하는	

▶Check It Out! 다음 문장(혹은 영영 풀이)의 빈칸에 들어갈 단어를 고르시오.

1. I was _____ because my birthday cake was much smaller than I expected. I wanted a big one.

   ① yourself   ② cheerful   ③ disappointed   ④ useless

2. If you _____, you shout loudly, usually because you are excited, angry, or in pain.

   ① fault   ② person   ③ yell   ④ satisfied

3. If something is _____, it does not achieve anything helpful or good.

   ① always   ② document   ③ cheerful   ④ useless

▶ PRACTICE MORE!

I. 다음 [　] 안에서 알맞은 것을 골라 동그라미 하시오.

(1) I'm not satisfied [for / with] this food.

(2) Don't be [disappoint / disappointed] with yourself.

(3) If I [am / were] you, I would go to the office.

2. 괄호 안의 한글 해석을 참고하여 <u>틀린</u> 부분을 찾아 바르게 고치시오.

(1) My boss yelled at me again because of I didn't finish some documents. (내가 서류를 끝내지 못했기 때문에 내 사장이 나에게 또다시 소리를 질렀어.)

(　　　　) → (　　　　　　)

(2) I think I'm a useless people. (나는 내가 쓸모없는 사람이라고 생각해.)

(　　　　) → (　　　　　　)

(3) Thank you of your supportive words. (힘을 주는 말을 해주셔서 감사해요.)

(　　　　) → (　　　　　　)

3. (　　) 안의 말을 활용하여 바르게 영작하시오.

(1) 나는 내 집에 만족해요. (satisfied, house)

→ _____.

(2) 그 경기 결과에 실망하지 마세요. (disappointed, result, race)

→ _____.

(3) 내가 너라면, 건강을 위해 매일 운동할 거야. (If, work out, health)

→ _____.

One must desire something to be alive.
인간은 살아있기 위해 무언가에 대한 열망을 간직해야 한다.
- Margaret Deland

UNIT

24 그 시절이 떠올라요

scene 1 과거를 그리워하는 표현 'I miss the time when~'
scene 2 잊지 못하는 일을 말할 때 쓰는 표현 'I'll never forget ~ing'
scene 3 격식을 갖춘 감사 표현 'I really appreciate~'

▶ TODAY'S DIALOGUE

Scene 1

Mr. Chunk :
I (　　) the time / (　　) I was a superhero.
나는 그 시절이 그리워. / 내가 수퍼히어로이었던

Scene 2

Mr. Chunk : When I was a superhero, / I saved /
내가 수퍼히어로이었을 때, / 나는 구했어요. /
hundreds of thousands of people.
수백 수천의 사람을(방대한 수의 사람들)
I was at the center in the parade /
나는 행렬의 가운데에 있었어요./
and the whole nation applauded /and shouted.
그리고 온 나라 전체가 환호하고 / 그리고 큰 소리로 외쳤어요. /
I'll never (　　　) / getting (　　　　).
나는 절대로 잊을 수 없어요. / 큰 박수를 받았던 것을

Scene 3

Audiences :
Wow,/you're the best/in the world,/superhero.
와, / 당신이 최고예요. / 세상에서 / 수퍼히어로

Mr. Chunk : I really (　　　) / your (　　　　　　)./
정말로 감사해요. / 여러분의 격려에 대해/
I'm your superhero. 나는 여러분의 수퍼히어로에요.
If you are in danger, / just call me./
만약 당신이 위험에 처한다면, / 저에게 전화하세요./
I'll come / to you anytime.
내가 갈게요. / 당신에게 언제라도

▶Words & Phrases 빈칸에 한글 뜻과 영어 단어 및 숙어를 적어봅시다.

√	English	Korean
√	miss	그리워하다
	when	
	shout	
	appreciate	
	encouragement	
	hundred	
	thousand	
	parade	
	applaud	
	applause	
	forget	

√	Korean	English
√	격려	encouragement
	그리워하다	
	행렬, 퍼레이드	
	환호하다	
	언제	
	박수갈채	
	소리치다	
	잊어버리다	
	감사하다	
	100, 백	
	1000, 천	

▶Check II Out! Word Search Puzzle을 풀어봅시다.

아래 퍼즐에서 오른쪽 표에 있는 영어 단어를 찾아 동그라미해 봅시다. 찾은 단어는 오른쪽 표
에 √표시 해보세요.

```
J E G P L T R P R R A T K C J
E E T W A C E B X P P N B S T
N I H A H R W Q P Y P E C R K
R E N Y I F A L W Q L M T L T
N E L O J C A D H I A E A I L
N D I B W U E O E B U G O N X
F Y U H S G D R R R D A I R U
I J N E N E U J P G Y R W M C
M T E G R O F B V P N U D I Z
R B N D M Q V C R W A O J S G
K Z N T H O U S A N D C M S V
O U U V M L Y M J O C N B U X
H D D R V Z T U O H S E D G X
Y Y K Y R U A P I M W B L Y C
J X D A C Z K X X N U O Q D A
```

√	영어 단어 및 숙어
√	miss
	when
	shout
	appreciate
	encouragement
	hundred
	thousand
	parade
	applaud
	applause
	forget

▶PRACTICE MORE!

1. 다음 [   ] 안에서 알맞은 것을 골라 동그라미 하시오.

   (1) I miss the time [when / which] I was a superhero.

   (2) I'll never forget [get / getting] applause.

   (3) I really appreciate your [encourage / encouragement].

2. 괄호 안의 한글 해석을 참고하여 <u>틀린</u> 부분을 찾아 바르게 고치시오.

   (1) I miss the place when I was a superhero. (나는 내가 수퍼히어로이었던 그 시절이 그리워요.)

   (   ) → (   )

   (2) When I was a superhero, I saved hundred of thousands of people. (내가 수퍼히어로이었을 때, 나는 수백 수천의(방대한 수의) 사람을 구했어요.)

   (   ) → (   )

   (3) If you are in danger, just calling me. (만약 당신이 위험에 처한다면, 저에게 전화하세요.)

   (   ) → (   )

3. (   ) 안의 말을 활용하여 바르게 영작하시오.

   (1) 나는 평범한 학생이었던 시절이 그립다. (miss, when, ordinary)

   → _____.

   (2) 나는 가족들과 여행했던 것을 절대 잊지 않을거야. (forget, travel)

   → _____.

   (3) 네가 그 장소에 도착하면 즉시 나에게 문자하렴. (if, text, at once)

   → _____.

Missing once is an accident.
Missing twice is the start of a new habit.
한 번 빼먹는 것은 우연한 사고이다.
두 번 빼먹는 것은 새로운 습관의 시작이다.
- 'Atomic Habits' 중에서

UNIT
25 쇼핑은 즐거워

scene 1 이미 전달한 것을 다시 말할 때 쓰는 표현 'I said~'
scene 2 무언가를 찾을 때 쓰는 표현 'I'm looking for~'
scene 3 허락을 구할 때 쓰는 표현 "Do you mind if~?"

▶ TODAY'S DIALOGUE

Scene 1

Chunky, sis Chunk:
　　We'd like / to go to the toy shop / first.
　　우리는 원해요 / 장난감 가게에 가기를 / 먼저
Ms. Chunk:
　　I (　　) / you (　　　) / buy toys / here.
　　난 말했어/너는 할 수 없다고 /장난감 사는 것을/여기에서

Scene 2

Chunky:
　What are you looking for? / We can help you.
　무엇을 찾고 있나요?　 / 우리가 당신을 도울 수 있어요.
Ms. Chunk:
　I'm looking (　) / fresh carrots / (　) sale.
　나는 찾고 있어.　 / 신선한 당근을　 / 할인 중인

Scene 3

Chunky:
　Mom, / you found / the carrots.
　엄마, /　찾았네요　 /　당근을
　Do you (　　) / (　) we go to the toy shop?
　당신은 꺼리세요?/우리가 장난감 가게에 가는 것을

▶Words & Phrases 빈칸에 한글 뜻과 영어 단어 및 숙어를 적어봅시다.

√	English	Korean
√	toy	장난감
	buy	
	look	
	fresh	
	carrot	
	sale	
	find	
	mind	
	shop	

√	Korean	English
√	사다	buy
	신선한	
	당근	
	장난감	
	~을 보다, 보이다	
	꺼리다	
	가게	
	판매	
	찾아내다	

▶Check It Out! Double Puzzles을 풀어봅시다.

철자를 알맞게 배열하여 단어를 완성하세요. 정답은 위 단어들 중에 있습니다. 동그라미 친 곳에 들어가는 알파벳을 순서대로 맨 아래 칸에 옮겨 적어 마지막 '비밀의 단어'를 완성해보세요.

찾은 단어는 √표시 해보세요.

OYT

YUB

KOOL

RFHSE

RORTCA

ESAL

NIDF

IDNM

비밀의 단어 ☐ ☐ ☐ P

▶PRACTICE MORE!

1. 다음 [   ] 안에서 알맞은 것을 골라 동그라미 하시오.

   (1) I said you can't [buy / buying] toys here.

   (2) [I'm / I'd] looking for fresh carrots on sale.

   (3) Do you mind if we [go / going] to the toy shop?

2. 괄호 안의 한글 해석을 참고하여 <u>틀린</u> 부분을 찾아 바르게 고치시오.

   (1) We'll like to go to the toy shop first. (우리는 먼저
       장난감 가게에 가기를 원해요.)
       (   ) → (   )

   (2) What are you look for? (당신은 무엇을 찾고 있나요?)
       (   ) → (   )

   (3) Do you mind of we go to the toy shop? (당신은 우리가
       장난감 가게에 가는 것을 꺼리세요?)
       (   ) → (   )

3. (   ) 안의 말을 활용하여 바르게 영작하시오.

   (1) 그녀는 나에게 이메일로 사진을 보냈다고 말했다. (say, email,
       photo)

   → _____.

   (2) 그녀는 침실용 가구를 찾는 중이다. (look, some, furniture)

   → _____.

   (3) 내가 당신 재킷을 빌리면 꺼리시겠습니까? (mind, borrow, jacket)

   → _____?

Every thought of yours is a real
thing - a force.
당신이 하는 모든 생각은 실체이며, 끌어당기는 힘이다.
- Prentice Mulford

UNIT

26 아이들을 찾아주세요 I

scene 1 유감을 나타내는 표현 'I'm afraid~.'

scene 2 경험을 묻는 표현 'Have you + 과거분사~?'

scene 3 놀라움이나 외심스러움을 나타내는 표현 'I can't believe~.'

▶ TODAY'S DIALOGUE

Scene I

Ms. Chunk:

Um…/ I'm (　　　) / you (　　　) go to /
음… / 미안하지만 / 너는 갈 수 없어 /
the toy shop. / I have to buy /
장난감 가게에 / 나는 사야 해 /
some apples, flour, and strawberry jam.
사과, 밀가루, 딸기 잼을

Scene 2

Ms. Chunk:

I'm finished(done). / We can go to /
the toy shop / now.
나는 끝냈어/ 우리는 갈 수 있어/장난감 가게에/이제
Oh my goodness! / Where are they? /
이럴 수가! / 아이들이 어디에 있지? /
Have you (　　　) / my (　　　　)?
봤나요? / 내 아이들을

Scene 3

Ms. Chunk:

I can't (　　　　) / I (　　　) / my children. /
나는 믿을 수 없어./내가 잃어버린 것을/나의 아이들을/
I should have / watched them carefully.
나는 했어야 했어 / 아이들을 보는 것을
It's my fault.
내 잘못이야.

▶Words & Phrases 빈칸에 한글 뜻과 영어 단어 및 숙어를 적어봅시다.

√	English	Korean
√	afraid	두려운
	flour	
	strawberry	
	jam	
	finish	
	my goodness!	
	children	
	believe	
	watch	
	fault	

√	Korean	English
√	잼	jam
	어린이들	
	딸기	
	믿다	
	깜짝이야	
	두려운, 염려하는	
	잘못	
	밀가루	
	끝내다	
	보다	

▶Check It Out! 빈칸에 들어갈 가장 적절한 단어를 <보기>에서 골라 써봅시다.

< 보 기 >		
fault	watch	believe
finish	flour	afraid

l. Don't be _____ of upsetting your parents.
부모님을 실망시키는 것에 두려워하지 마라.

2. _____ is as white as snow. 밀가루는 눈처럼 희다.

3. Did you _____ 2020 Tokyo Olympic Games on TV?
너는 2020 도쿄 올림픽 게임을 텔레비전으로 시청했니?

4. Haven't you _____ed your homework yet?
너 아직 숙제를 끝마치지 못했니?

5. I couldn't _____ my ears when James said they were getting married.
나는 그들이 결혼할 것이라는 말을 James가 했을 때 믿을 수가 없었다.

6. It was my _____ that we were late.
우리가 늦은 것은 나의 잘못이다.

▶ PRACTICE MORE!

1. 다음 [   ] 안에서 알맞은 것을 골라 동그라미 하시오.

   (1) I'm afraid you can't [go / goes] to the toy shop.

   (2) Have you [see / seen] my children?

   (3) I can't [believe / believing] I lost my children.

2. 괄호 안의 한글 해석을 참고하여 **틀린** 부분을 찾아 바르게 고치시오.

   (1) I has to buy some apples, flour, and strawberry jam.
   (나는 사과, 밀가루, 딸기 잼을 사야 해.)

   (   ) → (   )

   (2) I'm finish. (나는 끝냈어.)

   (   ) → (   )

   (3) I should have watch them carefully.

   (나는 아이들을 주의깊게 지켜봤어야 했어.)

   (   ) → (   )

3. (   ) 안의 말을 활용하여 바르게 영작하시오.

   (1) 미안하지만 안된다고 말해야겠군요. (afraid, say, no)

   → _____ .

   (2) 무지개를 본 적이 있나요? (see, rainbow)

   → _____ ?

   (3) 그가 그녀와 사랑에 빠졌다니 믿을 수가 없어요. (believe, fall in love)

   → _____ .

> If I had eight hours to chop down a tree,
> I'd spend six hours sharpening my ax.
> 내게 나무를 벨 8시간이 있다면,
> 도끼를 가는데 6시간을 소비할 것이다.
> - Abraham Lincoln

UNIT

27 아이들을 찾아주세요!!

scene 1 알고 싶은 내용을 물을 때 쓰는 표현 'Can you tell me about~?'
scene 2 착용 상태를 나타내는 표현 'wearing'
scene 3 희망 사항을 말할 때 쓰는 표현 'I hope~'

▶ TODAY'S DIALOGUE

Scene 1

Ms. Chunk:
  I lost / my kids. / Please / help me.
  저는 잃어버렸어요./제 아이들을/제발/저를 도와주세요.
Clerk:
  Sure. / First, / calm down. / Can you (   ) me /
  물론이죠: / 먼저, / 진정하세요./ 말해줄 수 있나요?/
  (   ) your kids? / What do they look like?
  당신의 아이들에 대해서/그들은 어떻게 생겼나요?

Scene 2

Ms. Chunk:
  I have a son, / Chunky / and a daughter, /
  저는 아들이 있어요, / 청키라는 /   그리고 딸 /
  Sis Chunk. / Chunky is (   ) overalls, /
  시스 청크가 있어요./ 청키는 멜빵바지를 입고 있고 /
  and Sis Chunk is (   ) a skirt.
  그리고 누나 청크는 치마를 입고 있어요.

Scene 3

Ms. Chunk:
  I am really anxious / about their safety. /
  저는 정말로 걱정이 되어요./그들의 안전에 대해서 /
  I (   ) / I can (   ) my kids.
  저는 바래요./ 아이들을 찾을 수 있기를

▶Words & Phrases 빈칸에 한글 뜻과 영어 단어 및 숙어를 적어봅시다.

√	English	Korean
√	lose	잃어버리다
	kid	
	tell	
	look like	
	calm down	
	son	
	daughter	
	wear	
	overalls	
	skirt	
	anxious	
	safety	
	hope	
	find	

√	Korean	English
√	진정하다	calm down
	입다	
	딸	
	찾아내다	
	잃어버리다	
	희망하다	
	말해주다	
	걱정하는	
	안전	
	치마	
	아이	
	(작업용)멜빵바지	
	아들	
	~처럼 보이다	

▶Check It Out! 다음 영영풀이에 맞는 단어를 <보기>에서 골라 써봅시다.

< 보 기 >

safety   daughter
kid   calm down

1. someone's female child

⇒ _____

2. a state of being safe from harm or danger

⇒ _____

3. a child

⇒ _____

4. to stop feeling angry, upset, or excited

⇒ _____

▶ PRACTICE MORE!

1. 다음 [   ] 안에서 알맞은 것을 골라 동그라미 하시오.
   (1) Can you tell [my / me] about your kids?
   (2) Chunky is [wear / wearing] overalls, and Sis Chunk
       is [wear / wearing] a skirt.
   (3) I hope I can [find / found] my kids.

2. 괄호 안의 한글 해석을 참고하여 **틀린** 부분을 찾아 바르게 고치시오.
   (1) What do they looks like? (그들은 어떻게 생겼나요?)
       (   ) → (   )
   (2) I has a son, Chunky and a daughter, Sis Chunk.
       (저는 청키라는 아들이 있어요, 그리고 딸 시스 청크가 있어요.)
       (   ) → (   )
   (3) I am really anxious about them safety.
       (저는 정말로 그들의 안전에 대해서 걱정이 되어요.)
       (   ) → (   )

3. (   ) 안의 말을 활용하여 바르게 영작하시오.
   (1) 그녀에게 그의 성격에 대해 말해줄래요? (tell, personality)

       → _____?

   (2) 한 꼬마 소년이 우비를 입고 있어요. (little, wear, raincoat)

       → _____.

   (3) 즐거운 시간 되시길 바랍니다. (hope, time)

       → _____.

> One must live the way one thinks or
> end up thinking the way one lived.
> 생각하는 대로 살지 않으면
> 사는 대로 생각하게 된다.
> - Paul Bourget

28 당신을 위해 할 수 있는 일이?

scene 1 허락을 구할 때 쓰는 표현 'May I~?'
scene 2 상대방의 요구를 파악할 때 쓰는 표현 'Do you want to~?'
scene 3 상대방의 능력을 물을 때 쓰는 표현 'Can you~?'

▶ TODAY'S DIALOGUE

Scene 1

Clerk:
 Good afternoon, / guys. / (   ) I / (   ) you?
 안녕 / 얘들아 / 해도 될까요? / 당신을 도와주는 것을
Chunky, Sis Chunk:
 What do you have?
 무엇이 있나요?

Scene 2

Clerk:
 We have / some burgers and pizza.
 우리는 있어요. / 햄버거, 피자가
 Do you (   ) / to (   ) a hamburger?
 원하나요?   /   햄버거 사기를
Chunky:
 That's really huge. / It looks / delicious.
 정말 크군요!   / 보여요. / 맛있게

Scene 3

Sis chunk:
 That seems / too big / to eat. /
 보여요.   /매우 커   / 먹기에 /
 Can you (   ) / pizza (   )?
 할 수 있나요   / 피자 빨리 먹기를

▶Words & Phrases 빈칸에 한글 뜻과 영어 단어 및 숙어를 적어봅시다.

√	English	Korean
√	afternoon	오후
	may	
	help	
	buy	
	really	
	burger	
	hamburger	
	huge	
	look	
	delicious	
	seem	
	too A to B	

√	Korean	English
√	보이다	look
	오후	
	~해도 좋다	
	B하기에는 너무 A한	
	큰	
	햄버거	
	버거	
	실제로, 정말	
	사다	
	맛있는	
	돕다	
	~처럼 보이다	

▶Check It Out! 빈칸에 들어갈 가장 적절한 표현을 골라봅시다.

1. Following these steps will _____ in protecting our environment.

   ① good　　　② guy　　　③ help　　　④ seem

2. The party was a _____ success.

   ① huge　　　② have　　　③ delicious　　　④ look

3. The suitcase was _____ big ____ be carried.

   ① so, that　　② not, but　　③ whether, or　④ too, to

4. She _____ to be nervous.

   ① seem　　　② seems　　　③ seeming　　　④ is seem

▶ PRACTICE MORE!

1. 다음 [　] 안에서 알맞은 것을 골라 동그라미 하시오.
   (1) May I [help / helps] you?
   (2) Do you [want / wanted] to buy a hamburger?
   (3) Can you [eat / eating] pizza fast?

2. 괄호 안의 한글 해석을 참고하여 <u>틀린</u> 부분을 찾아 바르게 고치시오.
   (1) What does you have? (무엇이 있나요?)
       (　　　　) → (　　　　)
   (2) It look delicious. (맛있게 보여요.)
       (　　　　) → (　　　　)
   (3) That seems too big to eating. (먹기에 매우 커 보여요.)
       (　　　　) → (　　　　)

3. (　) 안의 말을 활용하여 바르게 영작하시오.
   (1) 집에 가도 되나요? (may, home)

       → _____

   (2) 그녀는 과학자가 되기를 원하나요? (want, be, scientist)

       → _____

   (3) 저 큰 나무 위로 올라갈 수 있나요? (can, climb, big)

       → _____?

> Your imagination is
> your preview of life's coming attractions.
> 당신의 상상력은 당신이 살게 될 멋진 인생을
> 미리 알려주는 영화의 예고편과 같다.
> - Albert Einstein

UNIT

29 Mr. Gang과 Mr. Evil이 만난 날

scene 1 잘하는 것을 말할 때 쓰는 표현 'be good at~'
scene 2 전혀 모르겠다는 말을 강조할 때 쓰는 표현 'I have no idea~'
scene 3 이유를 설명할 때 쓸 수 있는 표현 'It's because~'

▶ TODAY'S DIALOGUE

Scene 1

Chunky :
I'm very ( ) at / ( ) pizza fast.
나는 정말 잘해. / 피자 빨리 먹기를 /
I can eat the pizza / in 10 seconds.
나는 피자를 먹을 수 있어 / 10초 안에
Clerk :
What on earth / are they talking about?
도대체 / 무슨 이야기를 하는 거야?

Scene 2

Mr. Gang :
So, you escaped / from the police station? /
너는 도망쳤구나? / 경찰서에서 /
I have no ( ) / ( ) you were released.
나는 정말 모르겠어. / 네가 어떻게 풀려났는지
Mr. Evil :
I guess / it was not the time / for me / to be in a cell.
아마도 / 때가 아니었어 / 내가 / 감옥에 가는
I was lucky. 나는 운이 좋았지

Scene 3

Mr. Evil :
Actually, I broke the handcuffs.
사실은 내가 수갑을 부쉈어.
It's ( ) / I'm ( ) and strong.
때문이야. / 내가 영리하고 힘이 세기 /

▶Words & Phrases 빈칸에 한글 뜻과 영어 단어 및 숙어를 적어봅시다.

√	English	Korean
√	fast	빨리, 빠른
	second	
	on earth	
	talk about	
	escape	
	police station	
	release	
	cell	
	handcuffs	
	break	
	because	
	pizza	

√	Korean	English
√	도대체	on earth
	도망치다	
	~에 대해 이야기하다	
	빨리, 빠른	
	감옥	
	초, 두 번째	
	부수다	
	경찰서	
	석방하다, 놓아주다	
	~때문에	
	수갑	
	피자	

▶Check It Out!

다음 우리 말에 맞는 영어 단어를 위의 단어 중에서 찾아 쓰시오.

1. 둥글고 납작한 빵 위에 치즈, 토마토, 각종 야채, 고기 등을 얹어서
   만든 이탈리아 요리

   ⇒ _____

2. 누군가가 갇혀있거나, 갇혀서 떠나거나 움직일 수 없는 곳에서 나오다.

   ⇒ _____

3. 사람, 특히 범죄자의 손목을 감쌀 수 있는 고리 모양의 금속 장치

   ⇒ _____

▶ PRACTICE MORE!

1. 다음 [　　] 안에서 알맞은 것을 골라 동그라미 하시오.

(1) I'm very good at [eat / eating] pizza fast.

(2) I [has / have] no idea how you were released.

(3) It's [because / because of] I'm smart and strong.

2. 괄호 안의 한글 해석을 참고하여 <u>틀린</u> 부분을 찾아 바르게 고치시오.

(1) I can eat the pizza on 10 seconds. (나는 10초 안에

피자를 먹을 수 있어.)

(　　　　　　) → (　　　　　　　)

(2) It might was the wrong time to be in a cell.

(아마도 감옥에 가는 때가 아니었어.)

(　　　　　　) → (　　　　　　　)

(3) Actually, I broke the handkerchief.

(사실은 내가 수갑을 부쉈어.)

(　　　　　　) → (　　　　　　　)

3. (　　) 안의 말을 활용하여 바르게 영작하시오.

(1) 나는 영어 말하기를 아주 잘해요. (good, speak)

→ _____ .

(2) 당신은 지금 무슨 일이 일어나고 있는지 모릅니다. (idea, what, go)

→ _____ ?

(3) 그 이유는 창문이 깨졌기 때문입니다. (because, window, break)

→ _____ ?

> Be yourself! Everyone else is already taken.
> 당신 자신이 되어라. 다른 사람들은 이미 모두 있으니.
> - Oscar Wilde

30 도대체 왜 잡힌거야?

---

scene l 상대에게 어떤 일에 대한 생각을 물을 때 쓰는 표현 'Why do you think~?'
scene 2 확신 여부를 물을 때 쓸 수 있는 표현 'Are you sure~?'
scene 3 궁금할 때 쓰는 표현 'I wonder whether~or not.'

▶ TODAY'S DIALOGUE

Scene l

Mr. Gang :
   Then, / why do you (   ) / you were caught /
   그렇다면,/넌 왜 그렇다고 생각하니?/네가 잡힌 것이 /
   (   ) a police officer?
   경찰에게
Mr. Evil : I tried / to steal a wallet / in the bus. /
   나는 시도했어 / 지갑을 훔치는 것을 / 버스에서 /
   I failed / because of a little boy.
   나는 실패했지/작은 남자아이 때문에

Scene 2

Mr. Gang:
   You were caught / because of a little boy? /
   네가 잡혔다고   / 작은 남자 아이 때문에?   /
   Are you (   ) / you are (   )?
   너는 확신하니   /   네가 똑똑하다고?
Mr. Evil: Of course, I am. / I haven't failed /
   물론이지, 나는 그래/그런데 나는 실패한 적이 없어/
   to steal something / in my life.
   무언가를 훔치는 것을/내 인생에서

Scene 3

Chunky :
   Look over there, / Sis Chunk./Two men are talking/
   저기 봐,   /   누나   / 두 남자가 이야기해 /
   to each other / over there.
   서로   / 저기에서
   I (   ) / whether he is the (   ) or not.
   나는 궁금해 / 그가 그 도둑인지 아닌지

▶Words & Phrases 빈칸에 한글 뜻과 영어 단어 및 숙어를 적어봅시다.

√	English	Korean
√	catch	잡다
	police officer	
	try	
	steal	
	wallet	
	fail	
	because of	
	each other	
	over there	
	wonder	
	thief	

√	Korean	English
√	시도하다	try
	지갑	
	도둑	
	훔치다	
	경찰관	
	잡다	
	실패하다	
	궁금해하다	
	~때문에	
	서로서로	
	저기에서	

▶Check It Out! 주어진 힌트를 보고 퍼즐의 빈칸에 알맞은 단어를 써보세요.

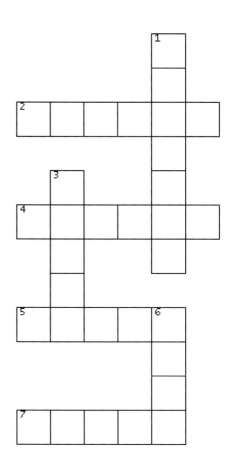

ACROSS
2. to want to know something or to try to understand the reason for something
4. a small, flat container for paper money and credit cards
5. someone who steals things
7. to secretly take something that belongs to someone else

DOWN
1. used to talk about a choice between two or more possibilities
3. to take hold of something
6. not to pass a test or an exam

<참고>
* container 그릇, 용기
* belong to ~에 속하다
* possibility 가능성

▶ PRACTICE MORE!

1. 다음 [   ] 안에서 알맞은 것을 골라 동그라미 하시오.

   (1) Why do you think you were [catch / caught] by a police officer?

   (2) Are you sure [you / your] are smart?

   (3) I wonder [weather / whether] he is the thief or not.

2. 괄호 안의 한글 해석을 참고하여 **틀린** 부분을 찾아 바르게 고치시오.

   (1) I failed because a little boy. (나는 작은 남자아이 때문에 실패했어요.)

   (   ) → (   )

   (2) I haven't failed steal something in my life. (나는 내 인생에서 무언가를 훔치는 것을 실패한 적이 없어.)

   (   ) → (   )

   (3) Two men are talk to each other over there. (두 남자가 저기에서 서로 이야기하고 있다.)

   (   ) → (   )

3. (   ) 안의 말을 활용하여 바르게 영작하시오.

   (1) 너는 그녀가 왜 그 게임에서 졌다고 생각하니? (why, lose)

   → _____?

   (2) 그의 아버지가 교사인 것이 확실한가요? (sure, teacher)

   → _____?

   (3) 그녀가 가수인지 아닌지 궁금하다. (wonder, whether, singer)

   → _____?

If you see it in your mind,
you're going to hold it in your hand
마음으로 본다면, 손으로 쥐게 될 것이다.
- Bob Proctor

〈정답〉

Unit I. 청크 가족 이사 오는 날!

▶TODAY'S DIALOGUE
Scene 1 : How, you
Scene 2 : like, introduce
Scene 3 : what, you, living

▶Words & Phrases

√	English	Korean
	often	자주, 종종
	neighbor	이웃
	introduce	소개하다
	myself	나 자신
	for a living	생계 수단으로
	would like to~	~하고 싶다

√	Korean	English
	생계 수단으로	for a living
	자주, 종종	often
	소개하다	introduce
	~하고 싶다	would like to~
	이웃	neighbor
	나 자신	myself

▶Check It Out!

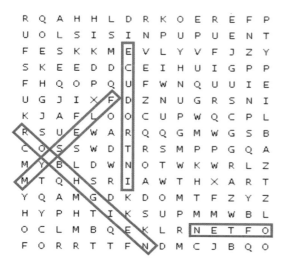

▶ PRACTICE MORE!
1. (1) doing   (2) I'd   (3) living
2. (1) meeting → meet   (2) him → his   (3) When → Where
3. (1) Nice to meet you, too.
   (2) What is your name?
   (3) What does your father do for a living?

Unit 2. Mr. Chunk가 제일 잘 나가!

▶TODAY'S DIALOGUE
Scene 1 : save, defeat
Scene 2 : for, kindness
Scene 3 : accept, proposal

▶Words & Phrases

√	English	Korean
	job	직업
	save	구하다, 저축하다
	danger	위험
	defeat	패배시키다, 물리치다
	villain	악당
	praise	칭찬하다
	heroic	영웅적인
	action	행동
	kindness	친절
	citizen	시민
	one day	(과거의) 어느 날
	at first sight	첫눈에
	would love to~	~하고 싶다

√	Korean	English
	위험	danger
	구하다, 저축하다	save
	칭찬하다	praise
	직업	job
	친절	kindness
	패배시키다, 물리치다	defeat
	시민	citizen
	영웅적인	heroic
	악당	villain
	(과거의) 어느 날	one day
	행동	action
	~하고 싶다	would love to~
	첫눈에	at first sight

▶Check It Out!
1. danger
2. job
3. kindness

▶ PRACTICE MORE!
1. (1) to save   (2) kindness   (3) proposal
2. (1) have → has   (2) your → you   (3) which → who
3. (1) I used to go camping.
   (2) Thank you for giving me this opportunity.
   (3) Would you accept my gift?

Unit 3. 가족의 탄생!

▶TODAY'S DIALOGUE
Scene 1 : married, born
Scene 2 : because, clean
Scene 3 : delighted, invite

▶Words & Phrases

√	English	Korean	√	Korean	English
	be born	태어나다		포기하다	give up
	grow	자라다		자라다	grow
	have to	~해야 한다		이사하다	move
	give up	포기하다		행동	action
	action	행동		태어나다	be born
	pack	(짐을) 싸다		평화로운	peaceful
	move	이사하다		(짐을) 싸다	pack
	raise	키우다		것, 물건	stuff
	peaceful	평화로운		~해야 한다	have to
	stuff	것, 물건		키우다	raise
	really	정말로		초대하다	invite
	kindness	친절		기쁜	delighted
	delighted	기쁜		정말로	really
	invite	초대하다		친절	kindness

▶Check It Out!

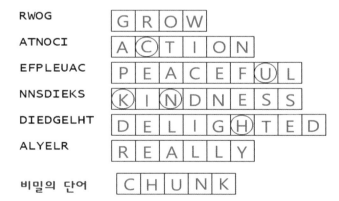

RWOG   G R O W

ATNOCI   A Ⓒ T I O N

EFPLEUAC   P E A C E F Ⓤ L

NNSDIEKS   Ⓚ I Ⓝ D N E S S

DIEDGELHT   D E L I G Ⓗ T E D

ALYELR   R E A L L Y

비밀의 단어   C H U N K

▶ PRACTICE MORE!
1. (1) born   (2) because   (3) to go
2. (1) marrying → married   (2) rise → raise   (3) for → of
3. (1) I had to find a new job.
   (2) It's because this house is clean and quiet.
   (3) Thank you for your kindness.

Unit 4. Chunky 집에서 생긴 일!

▶TODAY'S DIALOGUE
Scene 1 : nice, is
Scene 2 : OK, hurt
Scene 3 : out, for

▶Words & Phrases

√	English	Korean	√	Korean	English
	lamp	램프, 등		종류	kind
	have a seat	자리에 앉다		일어나다, 발생하나	happen
	kind	종류		원하다	want
	want	원하다		램프, 등	lamp
	make a mistake	실수하다		다치게 하다, 아프다	hurt
	happen	일어나다, 발생하다		자리에 앉다	have a seat
	hurt	다치게 하다, 아프다		~할 예정이다	be going to~
	maybe	아마도		실수하다	make a mistake
	be going to~	~할 예정이다		아마도	maybe
	defeat	패배시키다, 이기다		~을 조심하다	watch out for
	watch out for	~을 조심하다		패배시키다, 이기다	defeat

▶Check It Out!
happen / a mistake / want / Maybe / am going to / kind

▶ PRACTICE MORE!
1. (1) nice   (2) happened   (3) for
2. (1) How → What   (2) had → made   (3) getting → to get
3. (1) What kind of tea do you want?
   (2) Is your leg OK?
   (3) Catch me if you can.

Unit 5. 이웃과의 대화

▶TODAY'S DIALOGUE
Scene 1 : not, kitchen
Scene 2 : Where, shopping
Scene 3 : likes, after

▶Words & Phrases

√	English	Korean	√	Korean	English
	should	~해야 한다		부엌	kitchen
	run	뛰다		괜찮은	alright= all right
	kitchen	부엌		자유로운	free
	understand	이해하다		유감스러운, 미안한	sorry
	sorry	유감스러운, 미안한		~해야 한다	should
	everything	모든 것, 모두		어쨌든	anyway
	alright= all right	괜찮은		뛰다	run
	mind	상관하다		돌보다	look after
	free	자유로운		이해하다	understand
	anyway	어쨌든		모든 것, 모두	everything
	look after	돌보다		아이	kid
	kid	아이		상관하다	mind

▶Check It Out!

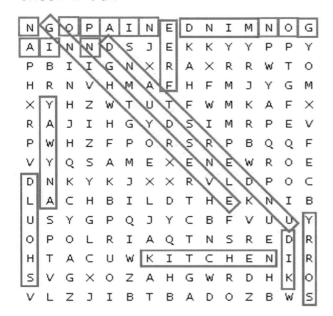

hidden message: No pain no gain.

▶ PRACTICE MORE!
l. (l) not run   (2) going shopping, to go shopping 둘 다   (3) after
2. (l) did → didn't   (2) less → more   (3) nothing → something
3. (l) You should not sleep in the library.
   (2) Where do you like to watch a movie? 또는 Where do you like watching a movie?
   (3) My son likes to read books. 또는 My son likes reading books.

Unit 6. 저희 집에도 오실래요?

▶TODAY'S DIALOGUE
Scene 1 : run, kitchen
Scene 2 : come, house
Scene 3 : rain, check

▶Words & Phrases

√	English	Korean
	bother	신경쓰이게 하다, 괴롭히다
	none of~	~중 아무(것)도 ..않다
	happen	일어나다, 발생하다
	next time	다음에는
	kindness	친절
	would love to	~하고 싶다
	schedule	일정
	take a rain check	다음을 기약하다
	pleased	기쁜

√	Korean	English
	다음을 기약하다	take a rain check
	신경쓰이게 하다, 괴롭히다	bother
	~하고 싶다	would love to
	~중 아무(것)도 ..않다	none of~
	다음에는	next time
	일어나다, 발생하다	happen
	친절	kindness
	기쁜	pleased
	일정	schedule

▶Check It Out!
bother / none of / pleased / Next time / schedule

▶ PRACTICE MORE!
1. (1) not run   (2) Thank   (3) pleased
2. (1) how → what   (2) coming → come   (3) took → take
3. (1) I will not waste money.
   (2) Why don't you practice more?
   (3) Can I try this on?

Unit 7. v mart로 어떻게 가죠?

▶TODAY'S DIALOGUE
Scene 1 : ask, directions
Scene 2 : how, get
Scene 3 : understand, said

▶Words & Phrases

√	English	Korean
	excuse	용서하다, 변명하다
	direction	길, 방향
	may	~해도 된다
	want	원하다
	how to~	~하는 방법
	get to~	~에 도착하다
	sure	확신하는
	if	~인지 아닌지
	close	가까운
	cab	택시
	get off~	하차하다
	next to~	~옆에
	Got it.	알았습니다.

√	Korean	English
	~해도 된다	may
	용서하다, 변명하다	excuse
	확신하는	sure
	~하는 방법	how to~
	길, 방향	direction
	원하다	want
	~옆에	next to~
	~에 도착하다	get to~
	하차하다	get off~
	~인지 아닌지	if
	알았습니다.	Got it
	택시	cab
	가까운	close

▶Check It Out!

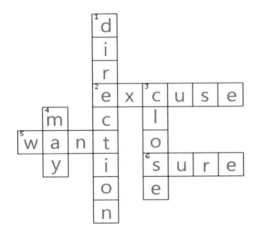

▶ PRACTICE MORE!
1. (1) me   (2) take   (3) next to
2. (1) Why → Where   (2) and → or   (3) getting → get
3. (1) May I see your passport?
   (2) Could you tell me how to get to the train station?
   (3) Do you know what she said?

Unit 8. 버스 정류장에서 생긴 일!

▶TODAY'S DIALOGUE
Scene 1 : can, using
Scene 2 : know, capable
Scene 3 : better, use

▶Words & Phrases

√	English	Korean
	take a bus	버스를 타다
	hear	듣다
	minute	분
	then	그러면
	use	사용(이용)하다
	be capable of	~할 수 있다
	had better	~하는 편이 낫다
	want to~	~을 원하다
	talk about~	~에 대해 이야기하다
	again	다시

√	Korean	English
	듣다	hear
	버스를 타다	take a bus
	~할 수 있다	be capable of
	그러면	then
	분	minute
	다시	again
	사용(이용)하다	use
	~하는 편이 낫다	had better
	~을 원하다	want to~
	~에 대해 이야기하다	talk about~

▶Check It Out!
want to / take a bus / minutes / had better

▶ PRACTICE MORE!
1. (1) take   (2) of   (3) about
2. (1) you → I   (2) When → As   (3) had better → had better not
3. (1) Can I talk to you for a second?
   (2) I am capable of riding a bike.
   (3) I want to talk about Korean education.

Unit 9. 너의 힘은 비밀이야

▶TODAY'S DIALOGUE
Scene 1 : forget, show (수정, 말풍선과 다름: don't forget -〉 remember)
Scene 2 : calm, angry, careful, here, get on
Scene 3 : Does, go, get on

▶Words & Phrase

√	English	Korean	√	Korean	English
	ground	나가 놀지[외출하지] 못하게 하다		~ 하자	Let's~
	forget	잊다		~가 온다.	Here comes
	here comes	~가 온다		나가 놀지[외출하지] 못하게 하다	ground
	get on	타다		타다	get on
	use	사용하다		연석 * 차도와 인도를 구분해 주는 돌	curb
	let's~	~ 하자		진정하다	calm down
	pull over	길 한쪽으로 차를 대다		잊다	forget
	curb	연석		길 한쪽으로 차를 대다	pull over
	careful	조심하는		사용하다	use
	angry	화가난		화가난	angry
	calm down	진정하다		조심하는	careful

▶Check It Out!
(1) ④
(2) ③
(3) ②

▶ PRACTICE MORE!
1. (1) forget (2) Here (3) to
2. (1) when → If (2) care → careful (3) off → on
3. (1) Don't forget that there is a pop quiz.
   (2) Be careful. Here comes a herd of cattle.
   (3) Does this express bus go to Seoul?

Unit 10. 버스 안에서

▶TODAY'S DIALOGUE
Scene 1 : would, like, delicious
Scene 2 : look, looks, like
Scene 3 : good

▶Words & Phrase

√	English	Korean		√	Korean	English
	fabulous	멋진			지갑	purse
	delicious	맛있는			훔치다	steal
	look at	~를 보다			그러나	however
	inside	~ 안에			많은	lots of
	look like	~처럼 보이다			피하다	avoid
	lots of	많은			~처럼 보이다	look like
	However	그러나			~를 보다	look at
	steal	훔치다			멋진	fabulous
	purse	지갑			맛있는	delicious
	avoid	피하다			~ 안에	inside

▶Check It Out!
(1) ③
(2) ③
(3) ②

▶ PRACTICE MORE!
1. (1) to buy (2) looks (3) to give up
2. (1) go → am going (2) for → in (3) bad → good
3. (1) I am going to buy an expensive computer.
   (2) She looks like she hides something.
   (3) I don't think it is good to move to another city.

Unit II. 범죄 현장 목격!

▶TODAY'S DIALOGUE
Scene 1 : what, going
Scene 2 : is, stealing
Scene 3 : goodness, where, idea

▶Words & Phrase

√	English	Korean		√	Korean	English
	get off	내리다			어떤 것	something
	by the way	그런데 (화제전환)			실례 합니다.	excuse me
	grocery	식료품			내리다, 떠나다	get off
	delicious	맛있는			지갑	purse
	something	어떤 것			그런데 (화제전환)	by the way
	learn	배우다			훔치다	steal
	steal	훔치다			습한	humid
	purse	지갑			식료품	grocery
	excuse me	실례 합니다			배우다	learn
	humid	습한			맛있는	delicious
	however	그러나			그러므로	therefore
	therefore	그러므로			그러나	however
	stop	(n) 정거장			(n) 정거장	stop

▶Check It Out!
(I) ④
(2) ③
(3) ②

▶ PRACTICE MORE!
I. (I) to buy (2) stealing (3) where
2. (I) get → getting (2) dance → dancing (3) what → how
3. (I) What are we going to learn in school?
   (2) He is washing his hands.
   (3) Where is my seat?

Unit 12. 도와주세요!

▶TODAY'S DIALOGUE
Scene 1 : gone, Can, help, stolen
Scene 2 : believe, Could, go, to, Let's
Scene 3 : stole, sure

▶Words & Phrase

√	English	Korean
	pulse	지갑
	idea	생각, 아이디어
	find	~을 찾다
	help	~를 돕다
	believe	~을 믿다
	police office	경찰서
	quickly	빠르게
	definitely	틀림없이, 당연히
	crime scene	범죄 장면
	sure	확신하는

√	Korean	English
	확신하는	sure
	범죄 장면	crime scene
	틀림없이, 당연히	definitely
	빠르게	quickly
	경찰서	police office
	~을 믿다	believe
	~를 돕다	help
	~을 찾다	find
	생각, 아이디어	idea
	지갑	pulse

▶Check It Out!
(1) ④
(2) ①
(3) ①

▶ PRACTICE MORE!
1. (1) help (2) go (3) am sure
2. (1) stole → stolen (2) goes → go (3) definite → definitely
3. (1) Can anyone file a complaint?
   (2) Could you go to the fire station?
   (3) I'm sure that my brother ate all chips.

Unit 13. 경찰서에서 생긴 일

▶TODAY'S DIALOGUE
Scene 1 : stand, in, line, take, out
Scene 2 : feel, nervous
Scene 3 : should, have, gone

▶Words & Phrase

√	English	Korean	√	Korean	English
	stand in line	일렬로 서다		~한 기분이다	feel + 형용사
	take out	꺼내다, 버리다		긴장된	nervous
	belonging	소지품		일렬로 서다	stand in line
	be in trouble	큰일 나다		소지품	belonging
	nervous	긴장된		큰일 나다	be in trouble
	feel + 형용사	~한 기분이다		늦은	late
	late	늦은		꺼내다, 버리다	take out

▶Check It Out!
(1) ④
(2) ③
(3) ①

▶ PRACTICE MORE!
1. (1) stand (2) nervous (3) have gone
2. (1) took → take (2) out → in (3) go → going
3. (1) You must go to bed early.
   (2) I feel scared at the haunted house.
   (3) I should have arrived at that station.

Unit 14. 범인을 찾아라!

▶TODAY'S DIALOGUE
Scene 1 : saw, who
Scene 2 : how, say, information,
Scene 3 : understand, thief

▶Words & Phrase

√	English	Korean	√	Korean	English
	person	사람		지역 방언 (사투리)	local dialect
	information	정보		정보	information
	understand	이해하다		이해하다	understand
	thief	도둑		도둑	thief
	take away	체포하다, 치우다		쫓다	chase
	chase	쫓다		사람	person
	local dialect	지역 방역 (사투리)		체포하다, 치우다	take out

▶Check It Out!
(1) ①
(2) ④
(3) ④

▶ PRACTICE MORE!
1. (1) who stole the purse (2) you say (3) understand
2. (1) which→ who (2) informations → information
   (3) away him → him away
3. (1) I saw the person who fought with a friend.
   (2) How could you behave like that?
   (3) Now, I understand you're a famous author.

Unit 15. 범인 체포 성공!

▶TODAY'S DIALOGUE
Scene 1 : worried, trouble
Scene 2 : protect, how, spell, name
Scene 3 : can, check

▶Words & Phrase

√	English	Korean
	finish	끝내다
	worry	걱정하다, 걱정시키다
	no problem	문제가 안된다
	protect	보호하다
	spell	철자를 말하다
	check	점검하다
	guess	추측하다
	leave~behind	~를 놓은 채 잊고 오다
	personal	개인적인, 사적인
	frontal	정면의
	impact	송롤, 충격

√	Korean	English
	문제가 안된다	no problem
	보호하다	protect
	점검하다	check
	추측하다	guess
	끝내다	finish
	~를 놓은 채 잊고 오다.	leave~behind
	걱정하다, 걱정시키다	worry
	충돌, 충격	impact
	정면의	frontal
	개인적인, 사적인	personal
	철자를 말하다	spell

▶Check It Out!
(1) ②
(2) ④
(3) ②

▶ PRACTICE MORE!
1. (1) worried (2) how (3) I check
2. (1) is → be (2) spelling → spell
   (3) behind my ID card → my ID card behind
3. (1) I am worried that I might make a mistake.
   (2) How do you spell this word in Korean?
   (3) Can I check your schedule?

Unit 16. 경찰서에서 걸려온 전화

▶TODAY'S DIALOGUE
Scene 1 : This, is, May, speak, to
Scene 2 : relieved, hear
Scene 3 : can, say

▶Words & Phrase

√	English	Korean
	police officer	경찰관
	children	아이들
	nothing	아무것도
	serious	심각한
	relieved	안도하는
	daughter	딸
	son	아들
	wife	아내
	catch	잡다
	again	다시
	handsome	멋있는
	valuable	소중한, 값비싼

√	Korean	English
	멋있는	handsome
	심각한	serious
	다시	again
	아이들	children
	잡다	catch
	아무것도	nothing
	아내	wife
	안도하는	relieved
	소중한, 값비싼	valuable
	아들	son
	경찰관	police officer
	딸	daughter

▶Check It Out!
(1) ③
(2) ②
(3) ①

▶ PRACTICE MORE!
1. (1) to Mr. Chunk (2) relieved (3) say
2. (1) speak → speaking (2) serious nothing → nothing serious
   (3) cathing → to catch
3. (1) May I speak to your manager?
   (2) I am relieved that I finished my homework yesterday.
   (3) Can you say that again?

Unit 17. Chunky가 태어나던 날

▶TODAY'S DIALOGUE
Scene 1 : has, has
Scene 2 : when
Scene 3 : knew, make, it

▶Words & Phrases

√	English	Korean
	in detail	자세히, 상세히
	curly	곱슬머리의, 꼬불꼬불한
	daughter	딸
	braids	땋은 머리
	cooperation	협조, 협력
	born	태어난
	when	~할 때, 언제
	make it	잘 해내다

√	Korean	English
	태어난	born
	잘 해내다	make it
	곱슬머리의, 꼬불꼬불한	curly
	땋은 머리	braids
	~할 때, 언제	when
	협조, 협력	cooperation
	자세히, 상세히	in detail
	딸	daughter

▶Check It Out!
1. ①   2. ③   3. ④   4. ④

▶ PRACTICE MORE!
1. (1) has   (2) when   (3) knew
2. (1) see → look   (2) gave → got   (3) of → for
3. (1) Can you tell me about it in detail?
   (2) My family was very happy when my daughter was born.
   (3) My wife has straight hair.

Unit 18. 슈퍼파워를 가지고 태어난 아이

▶TODAY'S DIALOGUE
Scene 1 : believe
Scene 2 : need
Scene 3 : happened

▶Words & Phrases

√	English	Korean
	happen	일어나다, 발생하다
	believe	믿다
	seem to V	~인 것 같다
	need	필요하다
	hurt	아프다, 아프게 하다, 다친
	understand	이해하다
	nobody	아무도 ~하지 않다

√	Korean	English
	아프다, 아프게 하다, 다친	hurt
	이해하다	understand
	~인 것 같다	seem to V
	아무도 ~하지 않다	nobody
	일어나다, 발생하다	happen
	믿다	believe
	필요하다	need

▶Check It Out!
1. happened   2. Believe   3. need   4. seems to   5. hurt   6. understands

▶ PRACTICE MORE!
1. (1) what   (2) Are   (3) happened
2. (1) is happened → happened   (2) seems → seems to   (3) hurting → hurt
3. (1) I can't believe what you did to me.
   (2) Are you sick? Do you need some medicine?
   (3) Can you tell me when you leave tomorrow?

Unit 19. 일하기 힘든 날!

▶TODAY'S DIALOGUE
Scene 1 : faster, than
Scene 2 : I, think
Scene 3 : you, know

▶Words & Phrases

√	English	Korean
	report	보고서, 보고, 보도 / 보고하다
	I've done.	완료했어요. 마쳤어요.
	half	절반
	hand in	제출하다
	important	중요한
	papers	서류, 문서
	mean	의미하다

√	Korean	English
	제출하다	hand in
	완료했어요. 마쳤어요.	I've done.
	의미하다	mean
	중요한	important
	서류, 문서	papers
	보고서, 보고, 보도 / 보고하다	report
	절반	half

▶Check It Out!
1. ②   2. ④   3. ①   4. ④

▶ PRACTICE MORE!
1. (1) smaller   (2) I think   (3) Do
2. (1) go → going   (2) fast → faster   (3) me → to me
3. (1) Watermelons are bigger than apples.
   (2) I think he is a liar.
   (3) Do you know the rules of baseball?

Unit 20. 청크 아빠가 혼난 날!

▶TODAY'S DIALOGUE
Scene 1 : feel, disappointed
Scene 2 : being, late
Scene 3 : fault, because, busy

▶Words & Phrases

√	English	Korean
	I beg your pardon?	뭐라고요?
	disappointed	실망한
	upset	뒤집어엎다 / 화난, 속상한
	however	하지만, 그러나
	furious	분노한, 격노한
	always	항상
	excuse	변명
	fault	잘못, 과실, 실책
	because	~이기 때문에
	police officer	경찰관

√	Korean	English
	항상	always
	잘못, 과실, 실책	fault
	분노한, 격노한	furious
	실망한	disappointed
	변명	excuse
	~이기 때문에	because
	뒤집어엎다 / 화난, 속상한	upset
	경찰관	police officer
	뭐라고요?	I beg your pardon?
	하지만, 그러나	however

▶Check It Out!
I. upset   2. excuse   3. fault   4. beg, pardon   5. Always

▶ PRACTICE MORE!
I. (I) disappointed   (2) being   (3) because
2. (I) furiously → furious   (2) to feel → feel   (3) think → thinking
3. (I) I feel disappointed in you.
   (2) Sorry for being late.
   (3) It's not my fault because I was busy.

Unit 21. 직장생활은 힘들어!

▶TODAY'S DIALOGUE
Scene 1 : don't, want, to
Scene 2 : I'm, afraid
Scene 3 : scared, to, work

▶Words & Phrases

√	English	Korean
	however	하지만, 그러나
	important	중요한
	excuse	변명
	allow	허락하다
	finish	끝내다
	chance	기회
	scared	무서워하는

√	Korean	English
	변명	excuse
	무서워하는	scared
	허락하다	allow
	중요한	important
	끝내다	finish
	하지만, 그러나	however
	기회	chance

▶Check It Out!
1. ②   2. ④   3. ①   4. ③

▶ PRACTICE MORE!
1. (1) hear   (2) afraid   (3) scared
2. (1) late → being late
   (2) can → have to
   (3) important something → something important
3. (1) I don't want to go to that hospital.
   (2) I'm afraid I can't help you.
   (3) I'm scared to watch horror movies.

Unit 22. 우울한 하루

▶TODAY'S DIALOGUE
Scene 1 : happy, about
Scene 2 : annoys, because
Scene 3 : what, makes, irritated

▶Words & Phrases

√	English	Korean
	terrible	끔찍한, 소름 끼치는
	compare	비교하다
	annoy	화나게 하다
	anymore	더 이상
	problem	문제
	irritated	짜증이 나는
	boss	상사
	others	다른 사람들
	wrong	잘못된, 틀린

√	Korean	English
	비교하다	compare
	상사	boss
	끔찍한, 소름 끼치는	terrible
	짜증이 나는	irritated
	더 이상	anymore
	화나게 하다	annoy
	다른 사람들	others
	문제	problem
	잘못된, 틀린	wrong

▶Check It Out!
I. ②   2. ④   3. ③

▶ PRACTICE MORE!
I. (I) about   (2) because   (3) irritated
2. (I) for → with   (2) working → work   (3) Are → Do
3. (I) I'm not happy about the result of the test.
   (2) He annoys me because he is too arrogant.
   (3) What makes you excited?

Unit 23. 힘을 주는 하루

▶TODAY'S DIALOGUE
Scene 1 : satisfied, with
Scene 2 : disappointed, in
Scene 3 : if, would

▶Words & Phrases

√	English	Korean
	yell	소리지르다, 고함치다
	document	서류
	satisfied	만족하는
	fault	과실, 잘못
	useless	쓸모없는
	person	사람
	always	항상
	yourself	너 자신
	disappointed	실망한
	cheerful	기운찬, 마음을 밝게 하는

√	Korean	English
	과실, 잘못	fault
	기운찬, 마음을 밝게 하는	cheerful
	소리지르다, 고함치다	yell
	항상	always
	서류	document
	너 자신	yourself
	사람	person
	쓸모없는	useless
	실망한	disappointed
	만족하는	satisfied

▶Check It Out!
1. ③   2. ③   3. ④

▶ PRACTICE MORE!
1. (1) with   (2) disappointed   (3) were
2. (1) because of → because   (2) people → person   (3) of → for
3. (1) I'm satisfied with my house.
   (2) Don't be disappointed with the result of the race(혹은 game).
   (3) If I were you, I would work out every day for my health.

Unit 24. 그 시절이 떠올라요

▶TODAY'S DIALOGUE
Scene 1 : miss, when
Scene 2: forget, applause
Scene 3: appreciate, encouragement

▶Words & Phrases

√	English	Korean
	miss	그리워하다
	when	언제
	shout	소리치다
	appreciate	감사하다
	encouragement	격려
	hundred	100, 백
	thousand	1000, 천
	parade	행렬, 퍼레이드
	applaud	환호하다
	applause	박수갈채
	forget	잊어버리다

√	Korean	English
	격려	encouragement
	그리워하다	miss
	행렬, 퍼레이드	parade
	환호하다	applaud
	언제	when
	박수갈채	applause
	소리치다	shout
	잊어버리다	forget
	감사하다	appreciate
	100, 백	hundred
	1000, 천	thousand

▶Check It Out!

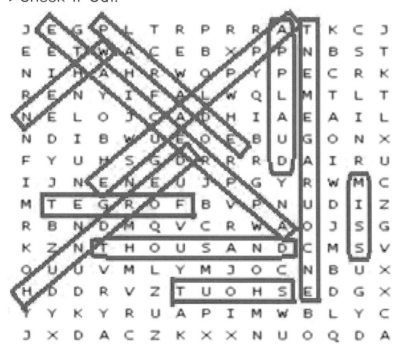

▶ PRACTICE MORE!
1. (1)when   (2)getting   (3)encouragement
2. (1) place → time   (2) hundred → hundreds   (3) calling → call
3. (1) I miss the time when I was just an ordinary student.
   (2) I'll never forget travelling with my family.
   (3) If you arrive at the place, text me at once.

Unit 25. 쇼핑은 즐거워

▶TODAY'S DIALOGUE
Scene 1 : said, can't
Scene 2 : for, on
Scene 3 : mind, if

▶Words & Phrases

√	English	Korean		√	Korean	English
	toy	장난감			사다	buy
	buy	사다			신선한	fresh
	look	~을 보다			당근	carrot
	fresh	신선한			장난감	toy
	carrot	당근			~을 보다	look
	sale	판매			꺼리다	mind
	find	찾아내다			가게	shop
	mind	꺼리다			판매	sale
	shop	가게			찾아내다	find

▶Check It Out!

OYT
YUB
KOOL
RFHSE
RORTCA
ESAL
NIDF
IDNM

비밀의 단어   S H O P

▶ PRACTICE MORE!

1. (1) buy   (2) I'm   (3) go
2. (1) We'll → We'd   (2) look → looking   (3) of → if
3. (1) She said she emailed me a photo.
    (2) She is looking for some bedroom furniture.
    (3) Do you mind if I borrow your jacket?

Unit 26. 아이들을 찾아주세요 1

▶TODAY'S DIALOGUE
Scene 1 : afraid, can't
Scene 2 : seen, kids
Scene 3 : believe, lost

▶Words & Phrases

√	English	Korean
	afraid	두려운
	flour	밀가루
	strawberry	딸기
	jam	잼
	finish	끝내다
	my goodness!	이럴수가
	children	어린이들
	believe	믿다
	watch	보다
	fault	잘못

√	Korean	English
	잼	jam
	어린이들	children
	딸기	strawberry
	믿다	believe
	깜짝이야	my goodness
	두려운	afraid
	잘못	fault
	밀가루	flour
	끝내다	finish
	보다	watch

▶Check It Out!
1. afraid   2. Flour   3. watch   4. finish   5. believe   6. fault

▶ PRACTICE MORE!
1. (1) go   (2) seen   (3) believe
2. (1) has → have   (2) finish → finished   (3) watch → watched
3. (1) I'm afraid I have to say no.
   (2) Have you seen a rainbow?
   (3) I can't believe he fell in love with her.

Unit 27. 아이들을 찾아주세요 ||

▶TODAY'S DIALOGUE
Scene 1 : tell, about
Scene 2 : wearing, wearing
Scene 3 : hope, find

▶Words & Phrases

√	English	Korean
	lose	잃어버리다
	kid	아이
	tell	말해주다
	look like	~처럼 보이다
	calm down	진정하다
	son	아들
	daughter	딸
	wear	입다
	overalls	(작업용)멜빵바지
	skirt	치마
	anxious	걱정하는
	safety	안전
	hope	희망하다
	find	찾아내다

√	Korean	English
	진정하다	calm down
	입다	wear
	딸	daughter
	찾아내다	find
	잃어버리다	lose
	희망하다	hope
	말해주다	tell
	걱정하는	anxious
	안전	safety
	시미	ckirt
	아이	kid
	(작업용)멜빵바지	overalls
	아들	son
	~처럼 보이다	look like

▶Check It Out!
l. daughter   2. safety   3. kid   4. calm down

▶ PRACTICE MORE!
l. (l) me   (2) wearing, wearing   (3) find
2. (l) looks → look (2) has → have (3) them → their
3. (l) Can you tell her about his personality?
   (2) A little boy is wearing a raincoat.
   (3) I hope you have a good time.

Unit 28. 당신을 위해 할 수 있는 일이?

▶TODAY'S DIALOGUE
Scene 1 : May, help
Scene 2 : want, buy
Scene 3 : eat, fast

▶Words & Phrases

√	English	Korean
	afternoon	오후
	may	~해도 좋다
	help	돕다
	buy	사다
	really	실제로, 정말
	burger	버거
	hamburger	햄버거
	huge	큰
	look	보이다
	delicious	맛있는
	seem	~처럼 보이다
	too A to B	B하기에는 너무 A한

√	Korean	English
	보이다	look
	오후	afternoon
	~해도 좋다	may
	B하기에는 너무 A한	too A to B
	큰	huge
	햄버거	hamburger
	버거	burger
	실제로, 정말	really
	사다	buy
	맛있는	delicious
	돕다	help
	~처럼 보이다	seem

▶Check It Out!
1. ③   2. ①   3. ④   4. ②

▶ PRACTICE MORE!
1. (1) help   (2) want   (3) eat
2. (1) does → do (2) look → looks (3) eating → eat
3. (1) May I go home?
   (2) Does she want to be a scientist?
   (3) Can you climb the big tree?

Unit 29. Mr. Gang과 MR. Mr. Evil이 만난 날

▶TODAY'S DIALOGUE
Scene 1 : good, eating
Scene 2 : idea, how
Scene 3 : because, strong

▶Words & Phrases

√	English	Korean		√	Korean	English
	fast	빨리, 빠른			도대체	on earth
	second	초, 두 번째			도망치다	escape
	on earth	도대체			~에 대해 이야기하다	talk about
	talk about	~에 대해 이야기하다			빨리, 빠른	fast
	escape	도망치다			감옥	cell
	police station	경찰서			초, 두 번째	second
	release	석방하다, 놓아주다			부수다	break
	cell	감옥			경찰서	police station
	handcuffs	수갑			석방하다, 놓아주다	release
	break	부수다			~때문에	because
	because	~때문에			수갑	handcuff
	pizza	피자			피자	pizza

▶Check It Out!
1. pizza   2. release   3. handcuff

▶ PRACTICE MORE!
1. (1) eating   (2) have   (3) because
2. (1) on → in   (2) was → be (3) handkerchief → handcuffs
3. (1) I'm very good at speaking English.
   (2) You have no idea what's going on.
   (3) It's because the window was broken.

Unit 30. 도대체 왜 잡힌거야?

▶TODAY'S DIALOGUE
Scene 1 : think, by
Scene 2 : sure, smart
Scene 3 : wonder, thief

▶Words & Phrases

√	English	Korean	√	Korean	English
	catch	잡다		시도하다	try
	police officer	경찰관		지갑	wallet
	try	시도하다		도둑	thief
	steal	훔치다		훔치다	steal
	wallet	지갑		경찰관	police officer
	fail	실패하다		잡다	catch
	because of	~때문에		실패하다	fail
	each other	서로 서로		궁금해하다	wonder
	over there	저기에서		~때문에	because of
	wonder	궁금해하다		서로서로	each other
	thief	도둑		저기에서	over there

▶Check It Out!

▶ PRACTICE MORE!
1. (1) caught   (2) you   (3) whether
2. (1) because → because of (2) steal → to steal (3) talk → talking
3. (1) Why do you think she lost the game?
   (2) Are you sure his father is a teacher?
   (3) I wonder whether she is a singer or not.

저자 프로필

기획 저자 정동완
전 외국어특목고 영어교사
전 외국어영재원강사 현 진로진학상담교사
교육전문기 봉사단체 '오늘과 내일이 학교' 회장
EBS 영어강사 (구사일생)
특강, 캠프 기획 운영 1500회 이상 진행 전국구 강사
청크영어 앱 8개 출시(안드로이드 앱스토어)
저서: 영어 오답의 모든것 시리즈 (핵심, 구문, 듣기, 심화편) (꿈구두)
    시험에 꼭 나오는, 어법만 딱 (꿈틀)
    아임 in 청크 리스닝 1, 2 (사람in)

저자 이은주
충남대학교 영어영문학과 졸업
한국교원대학교 대학원 영어교육과 석사 졸업
현 모산중학교에서 15년차 영어교사로 재직 중
2011, 2012 올해의 영어교사 교육감표창 수상
2011 제 13회 교실수업실천사례 연구발표대회(영어과) 2등급 수상
2011 잉글리쉬업 경연대회 지도사례 연구대회 3등급 수상
2013, 2014 충남 일정연수 강의 강사
2013 충남 신규복직교사 연수 강사
2016 자유학기제 유공교원 교육장표창 수상
2017 충남교육청 수업나눔 공동체 활성화 연수 강사
2020 중등 충남온라인학교 콘텐츠 개발위원 위촉
2020 중등 충남온라인학교 콘텐츠 개발 지원 교육감표창 수상
2021 충남교육청 자유학기제 주제선택활동 자료개발위원 위촉
2023 충남교육청 영어교육나눔 한마당 운영위원 및 자료개발위원 위촉
2023 사제동행 영어독서동아리 교육감 표창

저자 이선
한양대학교 사범대학 영어교육과 졸업
현 경기 문정중학교 34년차 영어교사
1994 영어말하기대회 지도 교육장 표창
1997 생활영어캠프 지도 교육장 표창
1998 교수학습 개선을 위한 수업경선 교육감 표창
2000, 2002 신나는 영어나라 중학생 영어 교육청 연수 강사
2001 공로장-용인시교원연합회
2001 외국어과 수업연구 경선 교육감 표창
2008 원어민 교사 활용 창의적 영어교육 운영 명품교육프로그램인증제 교육감 표창
2010 전국 영어경시대회 지도교사상 수상
2019 강원 외국어교육원 행복한 영어선생님 직무연수 강사
2019 인천동부 중등외국어교과 연수 강사
2019 서울 송례중학교 자유학년제 수업역량강화를 위한 교원자율연수 강사
2019 경기도율곡연수원 낯선 행동 이해와 소통 직무연수 강사
2019 경남교육청 교육연수원 중등영어수업능력함양 직무연수 강사

2019 교육공로상-경기교원단체총연합회
2020 시흥 유초중등 신규교사 직무연수 강사
2021 충남 중등 영어교육 연구회 교사 학습 공동체 연수 강사
2021 교육공로상-한국교원단체총연합회
2021~2023 고래학교(교사성장학교) 공유회 강사
2022 하브루타 전문강사 1급, 하브루타미래포럼 평생연구위원
2022 동수원중 창의프로젝트반 특강 강사
2022 구미교육지원청 영어교육 연수 강사
2022 교육공로표창 훈장증(백록장)-대한사립학교장회
2022 MKYU디지털튜터협회 회원
2023 MKYU 디지털튜터 1급
2023 교사크리에이터협회 회원
저서: 공역 [교실에서 바로 쓸 수 있는 낯선 행동 솔루션 50],
　　　공저 [변화의 시작 이기적으로 만나는 시간],
　　　[고래학교 이야기1], [버킷리스트16], [책을 쓴 후 내 인생이 달라졌다2] 외.

저자 윤소라

고려대학교 사범대학 영어교육과 졸업
고려대학교 영어교육전공 석사과정 졸업 예정
11년차 현직 고등학교 영어교사
2017 선문대학교 학생부종합전형 인성검토 자문 위원
2018 직업기초능력평가 시•도교육청 상황실 운영 전담교사 위촉
　　　직업교육활동 유공교원 교육감 표창 수여
2021 한국교육과정평가원 직업계고 기초학력 신장을 위한 영어과 콘텐츠 검토
2022~2023 직업기초능력평가 영어 영역 문항 개발
2022 한국교육과정평가원 직업계고 기초학력 신장을 위한 영어과 콘텐츠 개발
　　　한국교육과정평가원 직업계고 대상 영어 영역 진단평가 검토
2023 한국교육과정평가원 직업계고 대상 영어 영역 진단평가 및 형성평가 문항 개발

저자 성유진

현 서울 동대문중학교 영어교사로 재직 중